あと30分早く帰れる！

子育て教師の超効率仕事術

宇野 弘恵

学陽書房

はじめに

完璧を手放して、自分に「◯」を付けながら働こう！

　これからお子さんが産まれるという先生。もうすぐ育休があけるという先生。今まさに子育て真っ只中という先生。子どもが産まれ家族が増えることは、望外の喜びであり幸せです。しかし、教師をしながら子育てをすることに不安を覚え、「子どもが産まれても働き続けられるだろうか」「毎日大変すぎて、教職と育児を両立し続ける自信がない」と悩んでいる先生方も多いのではないでしょうか。

　本書ではそんな先生方に向けて、私が子育て経験の中で編み出した効率的な仕事術を惜しみなく紹介しています。

　この本が目指すゴールは、単に「30分早く家に帰る」ことではありません。「もうダメかも……」と感じている先生が、「これならもう少し頑張れそう」と思える。そのための考え方のヒントや具体的な解決策をできるだけ盛り込みました。

このような理由で、仕事術と銘打った本ではありながら、**生活をうまく回していくための家事の時短術や、我が子に寂しい思いをさせたくないといった育児の悩みへの対処**まで、生活全般にわたる内容が含まれています。

私は随分昔に子育てを終えています。今思えば「一瞬」のことでしたが、渦中にいる間は本当に大変でした。「教師を続けられるだろうか」と思ったことも何度もありました。

当時は、学校でへとへとになって働いて帰ってきても、のんびりする暇などありませんでした。一息つく間もなく夕食の支度に洗濯、子どもにご飯を食べさせてからお風呂に入れ、寝かしつけ……家事に育児に手一杯でした。子どもが起きているうちは授業の準備も持ち帰った仕事もできませんから、睡眠時間を削って何とかかんとかやっていました。

時間をやりくりして仕事をしても、子どものことで休む負い目のようなものもありました。同僚がスキルアップしているのを横目で眺め、スキルアップどころか「自分は戦力になっているのか？」と思うこともありました。「このままでいいのだろうか」「周りに置いて行かれるのではないだろうか」と、言いようのない不安に苛まれたこともありました。

また、子どもの学校行事に行ってやれない罪悪感もありました。「我が子に寂しい思いをさせているのではないか」「十分に愛情を注げていないのではないか」とも思いました。ぐっちゃぐちゃのリビングに立ち尽くし、子どもに十分してやれない自分、自分の時間を満足に過ごせない毎日に悲しくなり、しくしく泣いたこともありました。

当時の私は、「学校の先生としても、お母さんとしても、主婦としても、完璧で在らねばならない」と思っていたのだと思います。部屋をいつも綺麗に保ち、美味しいご飯をつくり、学校での仕事もバリバリこなし、いつも笑顔で子育てをする。趣味に勤しみイキイキと生きる。そんな理想に近づこうとしていたのかもしれません。理想と比べ、できていない自分に「×」ばかりをつけていました。

でも、泣いても悩んでも、誰かが子育てや仕事を代わってくれるわけではありません。私がやるしかないのです。だったら、「私の好きなようにやってみよう」「完璧じゃなくていいから私ができる形でやってみよう」とだんだん思うようになりました。どうせ思い通りにできないのだから、できていることに「○」を付けていこうと思うようになったのです。

完璧を手放し「ま、いっか」と思えるようになると、心に余裕ができました。心に余裕ができると、自分には何が大事か、今自分がすべきことは何かが見えるようになってきました。部屋を綺麗にすることも丁寧にアイロンがけすることも大切だけど、それより今は子どもとの時間を大事にすることのほうがずっとずっと大事なのではないかと。帰宅して躍起になって部屋を片付けるより、ほんのちょっとだけ子どもと手を繋いでお散歩に行くほうがずっとずっと豊かだと気付いたのです。その気になればいつだって部屋は片づけられる。でも、この子とこうして手を繋いで歩けるのはほんの数年のことだと。

子どもとの時間を少しでも多く捻出するために、私はやるべきことに優先順位や軽重を付け、効率的に時間を使うようになりました。丁寧にすべきものとざっくりでよいもの、先にすべきものと後回しでよいもの、その都度すべきものとまとめてすべきものなどを見極めるようになりました。こうした意識で家事や育児を見直すことが、学校での仕事の仕方を見直すきっかけにもなりました。仕事の効率性と同時に、これは絶対に丁寧にしなくてはならないという仕事の肝もわかるようになりました。

子育ては、子どもが大きくなるまでの数年間のことに過ぎません。ですが、我が子と学校の仕事との板挟みになり、辞めざるを得なくなる先生も少なくありません。毎日の生活をどう成り立たせるか、我が子をどう健やかに育てるか、そして、教師としてのキャリアアップをいかに図るかは、子育て世代の教師にとって大きな課題です。この課題を乗り越えることさえできれば、子育て期間で得たスキルを活かし、その後を豊かに働くことも望めます。

本書には、そのために必要な考え方やものの見方を記しました。これからお子さんが産まれる方や現場復帰する先生、もうダメだと泣きたくなっている先生にお読みいただけたらと思います。本書をヒントにご自分のライフスタイルを確立し、子育ても教職も愉しもうと思っていただけたなら、こんなに嬉しいことはありません。

2023年吉日

宇野　弘恵

目次

第2章　段取り次第で毎日もっと時間ができる！

〈家庭編〉

〈学校編〉

第3章　ほんの少しの気配りで職員室に味方を増やす！

第4章　完璧を手放したらクラスもハッピーに！

第5章　限られた自由時間の中でスキルアップするために

第1章

「全部」「完璧」を手放したら笑顔が増える！

1 これまでの働き方では回らない！

息子に恥じない働き方をするぞ！ と胸に誓う

息子が一歳の誕生日を迎える一週間前。育休復帰に向けて、慣らし保育が始まりました。預け先の玄関先で我が子を預けると、親と離れる不安で息子は大泣き。

「お母さん、振り返らずに、そのまま早く行って！」

と保育士さんに言われ、後ろ髪を引かれる思いで車に乗り込みました。運転していても泣き声が耳を離れません。ふと窓の外を見ると、手を繋ぐ母娘の姿が目に入ります。「ああ、私はあんな風に手を繋いで、息子とのんびり散歩してやることもできないのだ」と思うと、涙が溢れて止まりません。「私はもしかして、親としての幸せを手放してしまったのではないか。本当にこれでいいのか？」と思いました。しかし、それでも私は教師を続けるという選択をしたのです。息子とののどかな時間と引き換えにこの仕事を選んだのです。泣いている場合ではありません。私は流れる涙を拭いながら「どうしても辛かったら辞めたっていい。今はとにかくやってみるしかない。こんな思いまでして働くのだ。息子に恥じないように働くぞ！」と決心したのでした。

現実は甘くなかった

ですが、現実は、そんなに美しい想いだけで回せるものではありませんでした。当時、育児休暇は一年間しかなかったので、私もまだお母さん一年生。ようやく育児に慣れてきたところではありましたが、分からないことだらけ。手探り状態の毎日でした。家事は割と得意なほうではありましたが、世のベテラン母ちゃんたちに比べるとひよっこ同然。効率よく手早くなんてできません。一つひとつ時間をかけて、やっとこさこなしていました。

夫は中学校教諭でバスケット部の顧問でした。毎日の帰りは遅く、土日や休日も練習や大会で家にはほぼいませんでした。おまけに教師のバスケットボールチームに所属していて、週に二度夜間の練習がありました。帰宅は毎回二十二時ごろ。そこに合わせて夫のご飯を準備して、大量の洗濯物を洗って……という生活。当時、夫はほぼ自分のことしかしていませんでした（笑）。ただ、子どもと遊んだり、お風呂に一緒に入ったりするなど、育児には積極的に関わっていたので、私一人で家事をしていても何とかなっていました。また、私の実家が割と近所にあったので、時折協力を得ることができました。

それでも生活はカッツカツ。息子の夜泣きで眠れぬ夜も五時には起きて出勤し、帰宅後は息子をあやしながらの家事。うっかり息子と一緒に寝てしまい、夜中に起きて家事と授業準備。学校では、「発熱だよ、迎えに来てね！」の電話が来やしないかとひやひやしながら授業をし、実際、何度か呼び出されて迎えに走りました。「もうダメ！」と何度も思いましたが、なんとかかんとか一年間が終わりました。

本当の試練はここからだった

「少しは楽になったかな？」と思ったのも束の間。二人目が生まれ、正真正銘のピンチが訪れます。二人目の育休明けのとき、息子は四歳。まだまだ手がかかります。おまけに、妹ができたのと私の仕事復帰の影響で、赤ちゃん返りなんて予想外のこともありました。保育園に行きたくないと泣かれたこともありましたし、寝坊していつも家を出ている時間の二十分前に飛び起きたこともありました（奇跡的にお弁当もつくって出勤時間に間に合った！）。上の子の熱が下がったと思ったら次は下の子が熱を出す、みたいなこともしょっちゅう。職員室の電話が鳴るたびにびくびくしていました。そういえば、お風呂の中で眠ってしまい、危うく溺死するところだったなんてこともありました。

職場では、年の近い同僚が研修会やセミナーで学び、力をつけていました。重要な仕事を担い、遅くまでばりばり働く姿が眩しかったです。「いいなあ、自由に時間が使えて」とうらやましく思いましたし、キャリアを積めないことに不安と焦りを感じました。

子どもを産んだことを後悔したことはありませんが、思い描いていた生活とのギャップに押し潰されそうでした。毎日疲れ果ててへとへと。「このままではいけない！ 何とかせねば」と思い、生活の仕方を見直すことになるのです。（生活をどう変えたかは、第二章で紹介します）。

思い描いていた生活とのギャップに落ちこむ毎日……。

2 勤務校の運動会当日に我が子が発熱！さあどうする？

頼れるものは何でも頼れ！ そうでなくっちゃやっていけない

その日は勤務校の運動会でした。明け方、二歳になったばかりの下の子がぐずって目を覚ましました。だっこしようとして、体が熱いことに気づきます。熱を測ると三十九度。高熱です。日曜なのでかかりつけの小児科もお休みです。緊急事態発生と、とりあえず夫を起こしました。

さて、私は困りました。高熱の娘を置いて出勤してもよいものかと悩みます。なんとその日は運動会。まあ、私がいなくても何とかなると言えば何とかなりますが、「でも担任がお休みっていうのはどうだろう？」と揺れ動きます。

それに、看病するのが夫だと、正直心配……。幸い、夫は部活を副顧問にお願いしていたので在宅予定ではありましたが、熱がある子をちゃんと看られるのだろうかと思いました。そこで実家の母に電話。すでに入っていた予定をキャンセルし、家に来てくれることになりました。これで少し安心……。

しかし、高熱の我が子を置いて出勤するのは胸が痛みました。「心細いだろうに、病気のときこそ甘えたいだろうに……」と。ですが、やっぱり行事をお休みするのはハードルが高いのです。私にできたのは、運動会が終わるや否や帰宅したことです。本来なら午後の部も出て（当時、一年生の担任だったので午前で終了）、片付けも済まして退勤するところでしたが仕方ありません。これが当時の私の精いっぱいでした。

働きながら子育てをしていると、ときに我が子より仕事を取らなくてはならないことがあります。夫婦揃って休めないことも、近くに預かってくれる人がいないこともあります。**いざというときに備えて、頼れる人をたくさん確保しておかなくてはならないことを痛感した経験でした。**

万が一のときの預け先は複数確保しておく。

3 「完璧」にこだわりすぎていた復帰一年目

子育て中だから無理だよね、とは言われたくない

当時の勤務校には同年代の職員がたくさんいました。独身者も多く、みんなで連れ立って研修やセミナーに出かけていました。しかし、育休明けの私が一緒に行けるわけがありません。私は、後で漏れ聞くその様子を羨ましく思い、置いて行かれるような焦りを感じていました。

校内の仕事でも、彼らは責任のある仕事を任されたり、難しいミッションにチャレンジしたりしていました。管理職から期待され、信頼されて任されていることをうらやましく思いました。「私だって子育て期間じゃなければ……」と悔しく思うこともありました。

焦った私は、やがて「グジグジしていても始まらない！ 実績を積むしかない！」と思

うようになりました。手始めに、校内の研究授業を進んで引き受けることにしました。検討会議はあっても、指導案作成までは自分一人で進めることができます。遅くまで学校に残れなくても、家事と子育ての時間さえやりくりできれば、家でじっくり考えることも可能です。私は張り切って、夜中まで指導案を作りました。「子育て期間だから無理だよね」とは、言われたくなかったのです。

しかし、この他にも毎日の授業準備をしなければなりません。睡眠時間を削ってしなくてはならなくなり、睡眠不足でふらふらでした。家事を後回しにして、家の中は雑然となりました。私にかまってもらえず子どもたちは不機嫌だし、相変わらず部活三昧の夫にも不満が募ります。

「私だって実績を積みたい！　私だってバリバリ仕事がしたい！」そう思えば思うほど空回りし、うまくいきません。この世で一番大事な子どもたちにも寂しい思いをさせてしまっています。**「子育て期間はキャリアを積めないの？　我慢しなきゃダメなの？」**と壁にぶち当たるのでした……。

4 超人を目指すのを諦めたらやることが見えてきた！

今の自分に訊いてみる

部屋を美しく整え、毎日おいしくて健康的な料理を食卓に並べ、家族にはきれいにアイロンのかかった服を着させ、いつもにこにこ笑顔のやさしいお母さん。身だしなみにも気をつかい優雅に家事。夫も協力的で、仲よく協力し合って暮らす。外ではバリバリ仕事をこなし、周りからは「凄腕」と崇められ、どんどんキャリアを高めていく……。

そんなものが成立するのは、ドラマの世界だけです。現実には、髪を振り乱し、四角い部屋をまあるく掃除し、片手で子どもをあやしながら洗濯物をたたむような毎日なのです。家事を巡って夫と言い争ったり、押さえきれずに子どもを叱り飛ばしたりと、生きているのがやっと、仕事に行くのがやっとの綱渡りの毎日なのです。

そもそも、子育ては予想外のできごとの連続です。育児書通りに子どもは育たないし、急に熱を出したり怪我をしたりします。いつも機嫌よくよい子でいるわけもなく、こっちの都合に合わせてなんてくれません。こっち（親）が向こう（子ども）に合わせるしかないのです。だから、いつも「予定は未定」で計画通りになんか進まないし、思い描いた通りに生活することはできません。超人にしかできない華麗な生活は幻想です。諦めましょう！

とはいえ、すぐに諦められるものではありません。ふとした瞬間に完璧主義な自分に戻ったり、「こんな汚い部屋じゃだめだ！」と急に焦ったりするものです。その度**「完璧でなくても大丈夫」「今は仕方がない」「今はできることだけをしよう」**と自分に言い聞かせ、少しずつ腹を括れるようになっていけばよいのです。

そうすれば、あなたが今するべきことが何かきっと見えてきます。あれもこれも同時に手に入れることはできないと悟れば、今すべきこと、今しかできないことに思考が向くはずです（詳しくは第二章家庭編第三項に記しました）。

今の自分が大事にしたいものは何か、今しかできないことは何かをしばし考えながら、二十四時間しかない一日をどう過ごすかの戦略を立ててみてはいかがでしょうか。

▶▶ 子育て教師のお悩み相談室①

Question

子どもが「保育園に行きたくない」と言って毎朝泣きます。どうすればいいですか？

Answer

ずばり、振り向かないことです。

「じゃ、頑張ってね！ 行ってきます！」

と言って、笑顔で元気に手を振り、すぐさま去ることです。一見、冷たい対応のように見えますが、そうではありません。

例えば、大好きな恋人に別れを告げられたとき、どうしたら吹っ切れますか？　別れたのに、「元気になったかい？」とか「本当は君と別れたくないんだ」とか毎日連絡が来たら、吹っ切れませんよね。でも、連絡も一切来ず、会うことも見かけることもなければ諦めもつきます。これと同じです。

別れ際に、親がぐじぐじ言っていたら、子どもは吹っ切れないのです。親が縋ってきたら、自分も縋っていいんだと思ってしまうのです。だからここは心を鬼にして、笑顔で手を振り、振り向かないのが正解なのです。

その代わり、お迎えのときはギューッと抱き締めて愛を伝えてくださいね。「会いたかったよ」「大好きだよ」と言葉と態度で伝えましょう。そして、園での出来事をたくさん聴きましょう。「追い泣き」も永遠には続きません。慣れるまでは親も辛抱。子どもと一緒に頑張りましょう！

第2章

段取り次第で毎日
もっと時間ができる！

＼家庭編／

1

部屋が汚くても死なない！

全てを完璧に行うなんて無理！

家事には際限がありません。どこまでも手を抜くことも、手を掛けることも可能です。しかし、子どもがいるからきれいにしなきゃ、おいしいご飯を作らなきゃ、お洗濯もアイロンがけもしなきゃ、ご近所付き合いや親戚付き合い、買い物にも保育園の行事にも行かなきゃ……と、しなきゃいけないと思うことは山積です。

私は、子どもたちが小さかったころ、「全てを完璧にしなくては」と思っていました。家が汚ければ子どもたちの美意識が育たないと思い、おうちの中を毎日きれいに整えていました。健康のために食品添加物をできるだけ避け、冷凍食品や出来合いのおかずを買うことはありませんでした。毎日欠かさず洗濯し、きれいにアイロンがけもしていました。

今思えば、きっと日々の疲れやストレスがたたったのでしょう。時折、急に発熱して寝こむことがありました。部屋が散らかっていたり、思い通りに家事が進まないとイライラしたりもしました。休日に家族でお出かけするのが億劫で、子どもたちを夫に預けて家でゴロゴロしていた日もありました。

そんなあるとき、近所に住む同僚のO先生が遊びに来てくださいました。O先生はお嬢さんお二人を育てられた先輩女性教師で、「子どもが小さいと大変でしょう」と時折おかずをくださったりしていました。O先生は我が家を見て、小さい子どもがいるおうちとは思えないとおっしゃいました。普通ならもっとものが散乱して部屋が散らかっているはずなのに、整然とし過ぎていると言うのです。O先生は、私が日頃頑張って家事をしていることを褒めてくださった後、

「でもね、部屋が汚くても死なないんだよ」

とおっしゃいました。「そんなに肩に力入れなくてもいいよ。手を抜けるところは抜いてごらんなさい。そして浮いた時間を子どもたちとの時間に使うのよ」と教えてくださいました。

もしかすると当時の私は「完璧であらねばならぬ」と思うあまりぎすぎすしていたのか

もしれません。家事を優先して、子どもたちに寂しい思いをさせていたのかもしれません。「ねばならない」で凝り固まっていた私でしたが、O先生の言葉をきっかけに、少しずつ「ま、いっか」と思えるようになっていきました。

でも、これだけは手を抜かない！

私は料理をすることが得意で、結婚するころには一通りの料理を作ることができました。料理をするのに台所に立つことは苦ではなく、むしろ楽しみでした。作った料理をおいしいと言って食べてもらえることは幸せでしたから、私は、料理だけはできるだけ手を抜かずに作ろうと思いました。そう、**「絶対に」**ではなく、**「できるだけ」**。

以来、子どもたちが家を出ていくまで、お弁当も毎日の食事もほぼ手作りを通しました。私ができる愛情表現はこれでしたから。でも代わりに、家事をさぼって家が散らかっていたり、食器洗いを翌日までため込んだりもしていました。「だらしないなあ、それぐらいさっとしなよ」と思われるかもしれませんが、それが私の中でのちょうどよいバランスとこだわりでした。

ＳＮＳを開けば、手作りのすばらしいお弁当が並んでいたり、きれいなおうちが公開されていたりしますが、それに焦る必要はありません。大切なのは、何に時間をかけるかです。家事全般が苦手なら、すべて手を抜いたっていいじゃないですか。出来合いのおかずや冷凍食品ばかりだっていいのです。部屋に脱いだ服が散らかっていたっていいのです。その分、子どもとの時間を楽しく過ごしたり余裕のある生活を送ったりすることも立派なこだわりなのです。

子どもは大きくなれば親の手を離れ出て行きます。一緒に暮らせるのはほんの数年間です。この限られた時間に何を大事にするのかを、今一度見直してみてはいかがでしょうか。**ご自分が大事と思うものに時間をかけ、それ以外のものは腹を括って手を抜いてみましょう**。それでももし「これでよいのだろうか」と悩んだときは、「部屋が汚くても死なない」という言葉を思い出してみてください。大抵のことは「ま、いっか」と思えるはずですよ。

家事以外にも子どもへの愛情表現は様々。あなたらしい「こだわり」を見つけよう。

家庭編

2 「できない」ことに罪悪感をもたない

親が笑顔でいることが子どもの笑顔につながる

教師をしていると、我が子の予定と学校行事が重なり、どうしても仕事を優先せざるを得ないことがあります。「他のおうちはみんな親が来ているのに、うちは誰も行ってやれない」ということが起こります。寂しい思いをさせてしまうことへの罪悪感、かわいそうなことをしたという罪悪感、自分が働いていなければという後悔……。

でも、そんなことを言っても仕方がないのです。今すぐ仕事を辞めるわけにはいかないし、罪悪感をもったり後悔したりしたところで事態は変わりません。それより、親がねちねちぐじぐじしていることのほうが、子どもの精神衛生上どんなによくないことかと思います。

かつての同僚だったS先生は、ご夫婦で教師、互いのご両親もそばにはおらず、お二人でお子さんを四人育てていらっしゃいました。一番下のお嬢さんが小学校一年生に上がるとき、ご夫婦とも一年生の担任となりました。一年生の担任が入学式を休むことはとても難しいことです。かといって、我が子の入学式に出席できないのも胸が痛みます。代わりに行ってくれる祖父母もいません。ご夫妻は悩みに悩んで、結果、お嬢さんの入学式には中学に入学するご長男が親代わりで出ることになりました。（私の住む自治体では、小学校の入学式が午前中、中学校は午後が慣例で、中学に入学するご長男の登校は午後からでした。）

S先生のお子さんたちは当時の私の勤務校に在籍しており、入学式のことは鮮明に覚えています。お兄ちゃんに手を引かれてにこにこして嬉しそうなお嬢さん。ご長男が一つひとつ妹に言い聞かせ、ビデオを撮り、手を振って見守っていました。時間差で駆け付けたS先生にご長男の活躍ぶりを伝えると、

「長男がいてよかった！　あいつに頑張ってもらうしかないんだもん」

とけらけら笑っていました。我が子に悪いとか、かわいそうとかという言葉はありません。心の中では思っていたのかもしれませんが、それをおくびにも出しません。お嬢さんには

「お兄ちゃんが見てくれてよかったね」と伝え、ごめんねとは言いませんでした。

入学式の夜、きっと、S先生のお宅では入学おめでとうの夕食会が楽しく繰り広げられただろうと想像します。「行けなくてごめんね」ではなく、「お兄ちゃん頑張ったね、ありがとう」「妹も立派に入学したね」という会話がなされたことでしょう。家族の大事な時間を、罪悪感ではなく喜びと共に過ごすことの価値を改めて考えさせられたエピソードです。

罪悪感をエネルギーに

「休みの日に一緒に公園行けなくてごめんね」「おかずが冷凍食品でごめんね」「部屋が散らかっていてごめんね」、不備を謝り出せばきりがありません。言っても仕方がないことにくよくよしていても仕方ありません。ここはぐっと気持ちを切り替えるのが最善です。

「そうは言われても、気持ちは簡単に切り替わらないよ」という方は、こう考えるのはいかがでしょう。あなたが働いている間、子どもが寂しい思いをしていると思うなら、そのことを胸に刻んでみるのです。保育園に行きたくないと泣き叫ぶ我が子に、寂しい思いをさせてしまったと嘆くならば、我が子に寂しい思いをさせてまで私は働いているのだと、あえて自分に言い聞かせます。

子どもに我慢させてまで、子どもを泣かせてまで自分は働いている……。だとすると、中途半端な仕事はできないぞ、この仕事にプライドをもって働くぞ、かわいい我が子のために、少しでも早く帰れるよう勤務時間中はバリバリ働くぞとエネルギーに転換するのです。

不思議なことに、親の気持ちは知らぬうちに子どもに伝わるものです。親がくよくよと後ろ向きな気持ちでいれば、子どもも不安になります。ですから、**子どもにとっては、親が自分に気をつかって働くよりも、にこにこ元気でいるほうが安心です**。本当につらくなったらこの仕事を離れたっていいじゃないですか。その選択をするまでは、罪悪感をもたずに働けるよう見方や考え方を転換できるといいですね。

少しでも家での時間を増やすために、学校では頭を切り替えて目の前のことに集中！

家庭編

3

「数年間だけのこと」と腹を括る

何かを得るということは、何かを捨てるということ

子育て中の生活は、どうしたって子ども中心になります。物理的に手がかかるというだけではなく、頭の中も常に子どものことでいっぱいになりがちです。自分の時間など全くないという方もたくさんいると思います。

そして、重要な仕事をどんどんこなす同僚や、あちこちの研修会やセミナーで力を付けている同年代の人たちを見ると、焦りを感じる方もいるのではないでしょうか。

でも安心してください！ **この大変さは、永遠には続きません**。数年間限りのことなのです。最も大変なのが乳児期。次いで、幼児期。そして、小学校低学年時期です。ここを乗り越えれば何とかなります。

「子どもはいつまでたっても子ども」と言うように、家を出ようが大人になろうが結婚しようが、子どもを思う親の気持ちに変わりはありません。小学校低学年期を過ぎても、習い事や塾などの付き添いや送迎などがあったり、それに関連する親同士の付き合いがあったりするので全く楽になるというわけではありません。お金もかかるようになりますし、進学や交友関係のことなど幼少期とは質の違う心配ごとも出てくるかもしれません。心配が皆無になるわけではありません。ですが、子育て真っ最中の、まるで戦時中かのような大変さはなくなります。寝る間も食べる間もないような期間は、ほんの数年間だけのことなのです。

「そう言われても、大変なのは、今なのよ、今！」と思う方も大勢いるでしょう。そうなんですよ。多くの先輩たちが、喉元過ぎればと言うけれど、子育ての真っただ中にいるときにはなかなかそう思えないものなのです。

子育て世代の多忙を、抜本的に解決する術はありません。子どもに手がかかる時期は、忙しいのです。時間がないのです。子どもが成長していくまでは手を掛けるしかない、そう割り切るしかないのです。そして、この数年間を何とか乗り切るために、何ができて何ができないかを見極めながら生活するしかないのです。

家庭編

4 まずは、生活時間を見直すところから始める

スーツケースには必要不可欠なものから順に

旅行に行くときは、絶対に要るものから順にスーツケースに詰め、入らないものは置いて行きます。しかし、スーツケースに入らない物を捨てるわけではありません。旅行から戻るまでの間、置いておくだけです。そして、旅行から戻ればまた手にすることができます。こうしてみると、子育て期の数年間は、旅行に似ていると思います。

さて、子育て期間という名の旅に、あなたは何を持参しますか? スーツケースの大きさは人それぞれです。状況や環境によって、入れるべきものも変わります。

さあ、**これがなきゃ絶対ダメだ**というものから順にスーツケースに詰めましょう。そうすれば、少しの間、手放さなくてはならないものが見えてくるはずです。

子どもたちが保育園に
通っていたころの

〉私の場合〈

あなたは、ご自身のスーツケースに何を入れて旅に出ますか？

①

②

③

④

⑤

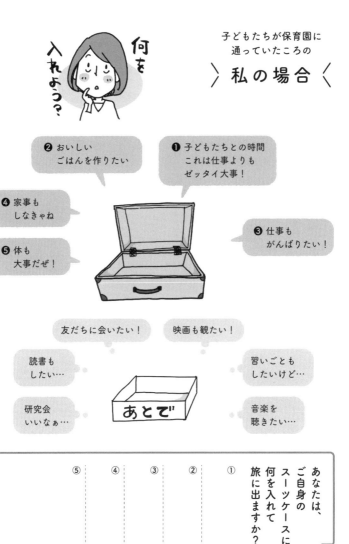

平日のスケジュール

退勤が早いのでどうしても持ち帰りが多くなる。

その日の疲れ度合いによって3：00起きになる日も……。

保育園の送りは夫

保育園の迎えは私（当時通っていた園は17：30まででした）

AM2：00	6：00	7：30	PM5：30	6：30	7：00	8：00
学校の仕事&家事	子どもたち起き出す〈朝食〉	勤務	夕食の仕度&子どもたちのお世話	〈夕食〉	お風呂&寝る仕度	ベッドに移動

- 前日の食器洗い（食洗機に入れるだけだけど！）
- お弁当作り
- 朝食作り
- 子どもたちの登園準備

早く帰れた日は公園でほんの少し遊ぶ。

夕食後は、食器を流しに下げるだけ。

夫はこのあと洗たく係となる。お風呂はほとんど夫の仕事。

子どもたちと一緒に読み聞かせをしながら就寝。

はじめの頃は、読み聞かせをしながらつい寝てしまい、夜中にはっと目覚めて家事をして、また寝るという生活でした。ゆっくり寝られないし、効率がよくない。いっそのこと最初から寝たほうがよいということで、こうなりました。これで毎日最低でも6時間の睡眠時間を確保できました。睡眠時間をまとめてとるって体力的にすごく大切です！

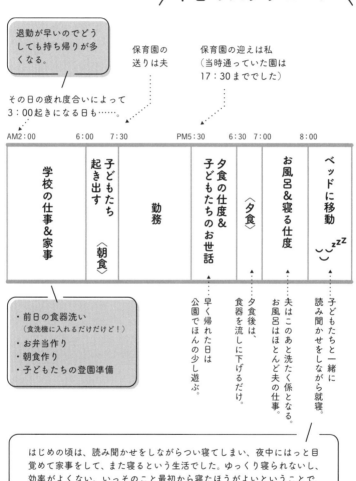

〉休日のスケジュール〈

夫の部活があるので
休みでもおちおち
寝ていられない

次の日が休みだと
起き出して
（マグのイラスト）ということも♡

	AM7:00	8:00	PM12:00	1:00		6:00	7:00	8:00
zzZ	〈朝食〉	家事	〈昼食〉	家事	〈夕食〉	お風呂	読み聞かせ ベッドに移動 zzZ	

ふだん一緒にいられない分、
お弁当を作って
よく出かけました。

・夫のいるときは、
みんなで公園とかにおでかけも
・夫のいるときに一週間分の買い出し
・家中のそうじ
・洗たく
（だいたい、たたまずに放置していたのを
たたみ直す…）

おかずの作り置きはしない主義。
めんどくさいから。

平日と違って朝までぐっすり♡

何もせずに子どもたちとひたすらダラダラする日もたくさんありました。

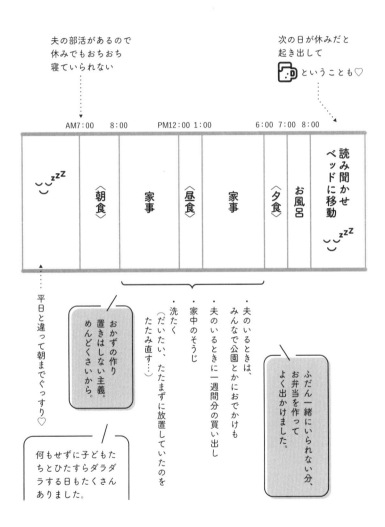

家庭編

5 子どもが起きている時間は子どもと目いっぱい楽しむ

子どもが起きている間に、仕事なんぞはできないのが現実

「お、子どもが一人で楽し気に遊んでいるぞ。よし、この隙に……」と思って仕事をしようとしても、子どもはじっとしていません。「ねえ、何しているの？」と寄ってきたり、「一緒に遊ぼうよ」と言ってきたりするものです。子どもは、親の関心がどこに向いているかに敏感です。ですから、親の気持ちが自分より仕事に向いていれば、寄ってきたり甘えたり、時にわがままを言ったり泣いたりして自分の側に注意を向けようとします。

そんなとき、親が適当にあしらったり、抱っこでごまかして気を逸らそうとしたりしても、子どもは満足しません。一時的に遊びに戻ったとしても、気持ちが満たされていないので長続きはしません。

子どもが少し大きくなっていたなら、「そろそろ一人で遊んでよ」とか「少しぐらい我慢してよ」と思うかもしれません。あるいは、「せっかく少し仕事ができると思ったのに」と、子どもの訴えを鬱陶しく思うかもしれません。しかし、子どもだって、普段、大好きな親と離れて頑張っているのです。一緒にいるときくらい自分を見てほしいのです。甘えたいのです。独占したいのです。満たされたいのです。

「子どもが起きている間に仕事ができないのは仕方ない、今は子どもに全力投球」と割り切るくらいのほうが結局うまくいきます。親の関心が自分だけに向き、存分に関わってくれたとわかれば、子どもは満足するのです。たっぷり甘えて心が満たされれば、やがて、親から離れても平気と思えるようになります。

中途半端に抱っこしたり隙間時間で仕事をしようとしたりせず、まずは子ども優先。どっぷりたっぷり関わって、**子どもが自分から離れていってから仕事や家事をやるほうが、結果的に効率よく時間を使うことができる**のです。

親の関心が自分に向いていると感じると子どもに安心感がうまれる。

子どもとの密度の濃い時間を意図的につくる

そうはいっても忙しい毎日です。特に平日は、朝早くに出勤し、帰宅後もご飯を食べてお風呂に入れて寝かしつけるだけで精いっぱい。子どもとのんびり楽しめる時間をとることは容易ではありません。休日には時間的余裕があったとしても、平日の疲れで体も心もへとへと。「子どもとの時間を確保しなければ」と思っても、それ自体を負担に感じる方も多いのではないでしょうか。

「子どもと目いっぱい楽しむ」と言うと子どもと一緒に遊ぶことと思われるかもしれませんが、決してそれだけではありません。一緒にお風呂に入って歌を歌うとか、手を繋いで歩くとか、抱っこしてテレビを観るとか、些細なことでいいのです。そうした時間を安定的に確保するために、できれば**「この時間は一緒に楽しむ」というものを日課として設定**しておけるとよいと思います。

私は、趣味で絵本を集めていましたので、うちには絵本がたくさんありました。私自身が楽しいと思えることで子どもとべったりするのがよいと考え、毎晩寝る前に絵本を読み聞かせることにしていました。どの絵本を読もうか子どもと一緒に選ぶのも、楽しい絵本を読んで一緒に笑ったり、わくわくしたりするのも幸せな時間でした。読み終える前に私が寝落ちしてしまったのもよい思い出です。

同僚だったI先生（男性）は、毎日寝る前に必ず子どもの体中をくすぐって笑わせたと言っていました。時間にしてわずか数分のことですが、「ゲラゲラ笑ってすっかり楽しい気持ちになって寝てほしい」という願いでそうしていたそうです。もっとも、ふざけすぎて子どもを泣かせてしまったり、笑わせ過ぎて興奮し、寝付かず困ったりしたこともあったとか。お子さんはきっと、毎日お父さんが寝かしつけてくれたことが楽しかったと記憶していることでしょう。

毎日の日課として親子での愉しみがあれば、忙しくした日でも、子どもは「いつもと変わらず甘えられた」という思いをもつことができます。そして、それがおうちの文化として記憶されます。忙しい毎日だったけど、親は自分のために毎日一緒の時間をつくってくれたと記憶されます。些細なことでも構いません。わずかな時間で何ができるか、自分も楽しいと思えるものは何かという視点で、子どもとべったりできる日課を計画してみてはいかがでしょうか。

家庭編

6 家事の分担を見直す

全ての家事を書き出してみる

子育て期間の超多忙の毎日をこなしていくには、一人だけで乗り切れるわけがなく、家事をうまく分担しなくては立ち行きません。

そのためには、家事の中身を把握しておかなくてはなりません。とにかく、どんな家事があるかを書き出してみましょう。

まず、漏れがないように、いつ、何をするかを分類しながら書き出します。仕事の手順や詳しい中身は書ききれませんので、まずはラベルだけ並べましょう。こうすれば家事の全体像を把握することができます。また、平日だけではなく、休日や季節ごとにしなくてはならないことを書き出すことで、長期的な見通しをもつことができます。

家事の書き出し例

平日

	衣	食	住	子	その他
出勤前	・洗たく ・洗たく物干し ・たたむ ・しまう	・朝食作り ・食器並べ ・食器片づけ ・お弁当作り	・モップがけ ・玄関そうじ ・ゴミ出し	・起こす ・着替え ・食事 ・登園準備 ・連絡帳記入 ・身仕度 ・園送り	・カーテンあけ ・新聞をとる ・植木に水やり
退勤後		・夕食作り ・食器並べ ・食器片づけ 洗い ・お弁当の 下ごしらえ	・お風呂そうじ ・お湯はり	・園迎え ・着がえ ・入浴 ・髪かわかす ・食事 ・絵本読み聞かせ ・寝かす ・翌日準備	・カーテン しめる ・郵便物 チェック

休日

衣	食	住	子	その他
・洗たく ・洗たく物干し ・たたむ ・しまう ・シーツなどの 大物洗たく	・三食作る ・食器洗い ・買い出し	・そうじ（家中） ・床みがき ・お風呂そうじ ・お湯はり ・トイレそうじ ・洗面台そうじ	・起こす ・着替え ・食事 ・身支度 ・遊ぶ ・絵本読み聞かせ ・寝かす	・植木に水やり ・カーテンあけ ・新聞をとる ・日用品 買い出し

随時・季節ごと

衣	食	住	子	その他
・衣類の補充と 入れ替え ・クローゼット 整理 ・クリーニング ・カーテン洗たく	・作り置き ・冷蔵庫の管理 とそうじ	・そうじ ・ワックスがけ ・エアコン ・窓ガラス ・庭 ・カーテン	・行事（準備） ・遊ぶ ・通院 ・子の友だち 付き合い ・髪を切る	・植木の世話 ・町内会 ・親せき ・ものおき整理 ・車の整備

書き出したものを見ながら、時間的、実力的に各々できるものを振り分けていくとよいでしょう。

なお、家事は得意な人だけがすればよいかと言うと、決してそうではありません。分担を決めたときはそれでよいと思うかもしれませんが、やがてそれが負担になり、不満に思う日が来ることも考えられます。

子育て期間が終わったあとも共に暮らし、さらに、遠い未来に一人で暮らす日が来ると想定すると、家事は一元化せずに分担し、誰もができるようになっておくのが望ましいと思います。

また、親が協力して家事を行う姿から、子どもは、協力して生活することや互いを思いやることの大切さを学びます。「できることは自分でしよう」という自立心にも繋がります。

「二人で平等に家事を二分する」という考え方も一見良さそうに見えますが、そうとも限りません。人によって得手不得手があるうえに、職場での立場や状況も同じではありません。よって、単純に量で振り分けることもよい方法とは思えません。

「気づいたときに気づいたほうがする」というルールにも注意が必要です。いつの間にか片方だけの負担が大きくなることも懸念されます。行き届かない部分は気づいたほうが行うとしても、誰が何を行うかは明確にしておきましょう。

最初から最後までが家事

家事は一部分ではなく、最初から最後まで全てを担うことを基本とします。

例えば、ゴミ出しの仕事であれば、ごみをごみ捨て場に持って行くことだけを請け負うのではなく、部屋中のごみを集めて分別し、袋に入れるといった準備段階の作業も仕事とするのです。洗濯を担うのであれば、衣類を仕分けしてネットに入れ、洗濯機を回して干し、たたんでしまうところまでを行います。そうすることによって責任意識が格段に高まりますし、効率化を図りながらスキルアップしようという意識も芽生えます。

最初はうまく回らないかもしれませんし、思い描いた通りの出来にならないかもしれません。文句を言ったり、「やっぱり無理だ」と諦めたりするのではなく、よりよい状態になるよう意見を出し合いながら改善することを目指しましょう。

すぐにはできなくても、少しずつできるようになれば良いのです。多少の不出来には目をつぶる寛容さをもちながら、子育て期の繁忙期を乗り切りましょう。

7 家事の時間配分を見直す

いつ何をするかの時間配分の見直し

子どもが小さいと洗い物が多くなる上に、部屋も散らかります。その都度処理していくのがベストですが、子どもが泣いたり甘えたりして、思い通りにはいきません。ついつい家事を溜めてしまいイライラしたり、一気に片付けようとへとへとになったりもします。

手あたり次第、成り行き次第で家事をしていては、常に「家事をしなくては」ということが頭を占め落ち着きません。かといって、小さい子がいては計画的に家事を行うのも容易ではありません。どうすればよいのでしょうか？

学校での仕事と同じように、家事も**「今か後か」「その都度かまとめてか」**という観点で処理を見極めることが肝要です。もっとも、家事の場合は、学校よりもずっと突発的なことが多く時間を流動的に運用しなくてなりませんので、家事内容をきっちり振り分けることは難しいのですが……。

それでも自分の中に原則をもっておくことで、効率よく家事を行うことはできます。基本的に、洗い物はその都度行ったほうが効率的です。例えば、目玉焼きをお皿に盛ったあと、その手ですぐフライパンを洗えば、所要時間は三十秒。食後に洗おうと溜めておけば、他の食器に埋もれてしまうので、その分手間がかかります。洗い場が大きなフライパンに占領されるので、作業効率も下がります。場所をとる大きなフライパンに対して、小さな食器洗いはまとめても大丈夫。同じ大きさの皿や器を重ねることができるので、まとめて片付けられる利便性があります。

洗濯も、少量をその都度洗うのが効率的です。数日分まとめて洗うと、枚数が増える分干したりたたんだりする時間が増します。一度で足りず、洗濯機を二回まわせば、一日分の手間が倍になります。

買い物は、お店への往復時間を考えると、行く回数が少ないほうが効率的です。**買い出しは週に一度一週間分を買うルーティーン**にしておけば、買うものも大体定まってきます。何を買うか悩まずに買えるようになると、買い物にかける時間を大幅に短縮することも可能です。

便利な物はどんどん使おう

食器洗い機があるとないとでは、家事負担は雲泥の差です。これがあると食器を溜めても一気に片付けることができるので、多少値が張っても大きめを買うことをお勧めします。フードプロセッサー、衣類乾燥機、ロボット掃除機、吊るしたままかけられるスチームアイロン、ズボンプレッサーなど、家事時間を短縮する便利グッズはたくさんあります。使い勝手のよさや準備、片付けの手間なども考え合わせ、どんどん使用するのがよいと思います。

ちなみに、食材の宅配サービスを利用される方も多いと思いますが、こちらは一長一短です。スーパーに行く手間は省けますが、チラシを見ながら一週間分の量や種類を見極めるのには慣れが必要です。実物を見ながら、その場のインスピレーションで買ったほうが早いという人には不向きです。

おかずの作り置きも同様です。作り置きするのに休日を割かねばならないリスクと、平日の食事作りが手軽になるよさのどちらをとるかです。「休日は時間がある」と思うとゆったり料理をしてしまいがちですが、切羽詰まった平日は休日の半分の時間で料理ができるという側面もあります。こうしたことに鑑みながら、いつ何をするのかという家事の時間配分を見直してみてはいかがでしょうか。

作業順番の見直し

何をどの順番でするかで、かかる時間も変わってきます。例えば、肉野菜炒めを作る場面を想像してみてください。最初に何を切りますか？ 最初に炒めるのは肉だからといって肉から切れば、野菜を切るときにまな板と包丁を洗わなくてはなりません。にんじんや玉ねぎの皮をむき、ピーマンの種を取ってから、野菜、肉と一気に切れば、途中で手を止める時間が節約できます。

日々の小さな時間の節約が、まとまった時間を生みます。些細なことに感じるかもしれませんが、こうした順番意識をもつことで、日々の家事は何倍も効率化することができます。

家庭編

8 家族のスケジュールを一元化し、早めに調整する

予定のバッティングは命取り

子育て世帯にとって、家族のスケジュール管理は重要です。行事や休みの予定などを早めに把握し、対応できるように準備しておかなくてはなりません。小学校勤務の場合は、我が子の学校と行事が重なるケースが多いのでその対応を考えなくてはなりません。また、部活動や対外的な活動を担っている場合は、大会等との重なりにも注意が要ります。

予定が早めにわかっていれば、そこに新たな予定を入れないようにすることができます。止むを得ない休日の仕事の場合は、子どもの預け先を早めにお願いすることもできます。また、運悪く予定がバッティングしていても、仕事の交代が可能かを検討し、早めに代替を頼むことができます。どうしても代替が利かない場合は、自分の代わりに子どもの行事

に参加できる人を早めに確保することもできるでしょう。

特に共働きをしていると、互いのスケジュールを把握していないせいでピンチに陥ることがあります。子どもの学校と行事が重なったけれど相手は休みだから安心と思っていたら、向こうもそのつもりで予定を入れていて直前になって焦るとか、相手に子守を頼んで休日出勤しようとしたら相手もその予定で喧嘩になるとか、そういう類のトラブルを経験した方もいるのではないかと思います。どちらかの融通が利くことであれば差し支えないのですが、どちらもどうにも身動きが取れないときはピンチです。

そうならないためにも、**年度初めに年間行事予定が出たらすぐに家族の予定を一元化し、いつでもすぐ見える場所に掲示しておく**のが鉄則です。できれば書き込み可能で、予定変更が一目でわかるようにすると安心です。データで持ち歩くのは必須ですが、掲示しているものとデータ元を同じにしておくことをお忘れなく。

また、子どもは突発的に熱を出したり怪我をしたりするものです。ですから、予定通りに生活できないこともしばしばです。子どもがいると予定は狂うものだという前提で、とっさの場合でも柔軟に対応できるよう、ぎちぎちに予定を詰め込まないことも大切です。

子どものプリントも一つにまとめて管理

保育園や幼稚園、学校からは大量の文書が配られます。デジタル時代になったとはいえ、それでもたくさんのお便りがあります。毎日のお便りに目を通し、処理するのは意外に大変です。時間と心の余裕があるならば、種類ごとに分別してファイリングしていくのがよいでしょう。しかし、いちいちそんなことをしている暇はない、面倒だという場合は、一元化管理をお勧めします。

お便りをもらってきたら、まずはその場で、要・不要の観点で仕分けます。見ておしまい、わかったというものはその場ですぐに捨てます。残りのお便りは次の視点で分類します。

①日時や必要なものなどが記された、必要かつ重要なもの（例：学年通信）

②参加の有無など、提出しなくてはならないもの（例：保護者会の出欠用紙）

③とっておきたい情報（例：ノート規格のお知らせ）

これらは基本的に一つの大きな箱（プラスチックケースやかごなど）にじゃんじゃん入れていきます。学期ごとや年度の終わりにまとめて処分すれば手間がかかりません。

①はすぐに画像を撮ってから箱に入れます。画像を残しておけば、万が一なくしてしまっても安心ですし、出先からも確認ができます。ホワイトボードやクリップボードなどに掲示しておくのも一手ですが、プリントの入れ替えが煩雑というデメリットもあります。

②は、その場で処理できるのならばすぐに処理し、参加有無を記したプリントは子どものかばんに入れてしまいます。確認等を要するならば、一旦、箱の一番上に入れておきます。こうすることで、必要になったときに上から順に探さずに取り出すことができます。他の文書に紛れる心配があるなら、見える場所に掲示しておくのが無難です。

子どもが複数いる場合は、子どもの数だけ箱を用意します。

スペース的に可能であれば、子どもが自分でも管理できるように目に付く場所に出しておくのがおススメです。子どもが小さいうちは、持ち物や提出物を忘れて不安な思いや寂しい思いをしないようにするのも、親がしてあげたい配慮です。

残しておきたい情報はスマホに保存しておくと外出先でも見ることができて便利。

9 子どもの病気や怪我に備えておく

子どもは熱を出すもの、けがをするもの

小さい子どもはよく熱を出します。体温調整機能が未熟だから熱を出しやすいのであって、育て方が悪い、健康管理がなっていないということではありません。が、親が忙しくしていると熱を出すという謎の法則もあります（笑）。これは私の想像ですが、「親が忙しい→自分に注意が向いていないと感じる→寂しい、不安→自律神経が乱れる→体温調整機能が乱れる→発熱する」という流れではないかと思っています。

怪我も同様で、親の注意が仕事に向くと不安定から注意散漫となり怪我につながるのではないかと想像しています。いずれにせよ、忙しい時期にはそうなりがちだと心得ておき、普段以上に子どもに目配りし、べったりできる時間をとるようにしておきましょう。

突発的な発熱やけがが起きたときの仕事上の心得や準備は、第三章で詳しく述べます。ここでは、家庭でできることに絞ってまとめます。

普段からの備えとして、かかりつけ医をもっているという人も多いでしょう。平日の発熱であればかかりつけ医にかかれば安心です。

しかし、子どもは夜間や休日に発熱することも多いため、夜間や休日に診療している病院をチェックしておくと安心です。**夜間救急センターや当番医がわかる機関の電話番号を保管しておく**とさらに安心です。また、万が一に備えて普段あまりかかることがない外科や耳鼻科などの電話番号も調べておくことをお勧めします。

連絡先をスマホなどの端末に入れておくと同時に、まとめて紙に書いて貼っておくのも便利です。可能であれば、診察時間や休診日なども一緒に載せておくと、緊急の場合も迅速に対応することができます。

すぐに病院に向かえるように、**保険証、診察券、お薬手帳、母子手帳を一括保管しておく**ことも大事です。余裕があれば、発熱や怪我発生時の状況や経過を書いてもって行くとよいでしょう。必要なことを簡潔に伝えることができ、説明にかかる無駄な時間を省くことができます。

預け先は複数ストックしておく

翌日、子どもが園や学校をお休みしなくてはならない場合はどうするかも早急に決めなくてはなりません。親のどちらかが休める場合は、できるだけ早めに職場に伝えます。夜間につき連絡ができない場合は、翌朝のできるだけ早くに連絡します。休みが長引きそうであれば、どういう予定で休むか先々のことも決めておきます（詳細は第3章1で述べます）。

二人ともどうしても休めない場合は、代わりに看てもらえる人を探します。祖父母や親戚、知人友人など、普段からお願いできる人がそばにいる場合でも、早めにお願いしましょう。

こうした人がそばにいない場合や、誰も都合がつかないことも想定し、利用可能な**病児・病後児保育サービス**があるかもリサーチしておきましょう。都市部であれば、**ベビーシッター派遣会社などのサービス**もあります。ネットから即日申し込めるもの、会員制のものなどがありますので、あらかじめ調べておき、いつでも使えるようにしておくと安心です。

別なことで埋め合わせをする

子どもが病気であるにもかかわらず、仕事に行く自分を責める気持ちになることがあるかもしれません。「病気で心細いときこそそばにいてやりたいのに」と罪悪感をもつこともあるでしょう。これも致し方のないことで、割り切って仕事に行くしかありません。その分、猛スピードで働いて、少しでも早く帰れるよう頑張ればよいのです。

成長と共に発熱は減ります。「今だけ、今だけ」と自分に言い聞かせ、熱が出たら早めの対応をする、元気が出る美味しいご飯を作るなど、そのときにできることを頑張るしかないのです。

そして、いつもより少しだけ多く子どものそばで過ごせるよう時間をやりくりしましょう。「部屋が汚くても死なない！」を思い出し、ルーティンの家事なんてお休みしてべったりしましょう。

家族で予定を調整したり、知り合いや外部サービス（病児保育）に頼ったりしながら乗り切ろう。

家庭編

10 おうちで学校の先生をしない！

先生あるある「我が子を泣かす」

学校で色々な子どもたちを見ているせいか、「ああいう子になってほしい」「あんなことはさせたくない」「あんなことをしたらどうしよう」などといった目で我が子を見てしまうことがあります。また、意図せず子どもの出来（好ましい表現ではありませんが）が見えてしまうこともあります。教師は、**知らず知らずのうちに我が子を評価し、自分の希望に沿った子育てをしてしまいやすい環境にある**と思います。

それでなくとも、「先生の子」というだけで、世間からは「できる子」「まじめな子」「ちゃんとしている子」と見られがちです。先生嫌い、学校嫌いの人からは、批判的な視線を向けられることもあります。子どもの実態や中身とは全く関係なく、「先生の子ども」という一般的なイメージで評価されるのは何とも窮屈で理不尽なことです。教師の子は、もしかしたら「先生の子だからちゃんとしなきゃ」と、無意識に感じているのかもしれません。

私自身は教師の子どもではありませんでしたが、こうした話をよく聞いていたので、我が子にはそんな思いをさせないようにしようと日頃思っていました。「勉強しなさい」とは言いませんでしたし、子どもがしたいように自由に育てたつもりです。「親の理想を押し付けず、子どもは伸び伸びと……」と思っていました。

我が子が小学生の頃のこと。算数がわからないというので、珍しく家で教えていました。しかし、何度も説明したのにわかってくれません。最初は、優しくゆっくりのんびりと丁寧に教えていましたが、しびれを切らした私は、

「だから、こうするって言ってるでしょ！　何回説明したらわかるの！」

と、声を荒げてしまいました……。我が子は涙をぽろぽろ流し、

「もう、お母さんなんかに教えてもらわない！」

と言って部屋を出て行ってしまいました。かわいそうなことをしてしまったと、今でも後悔しています。知らず知らずのうちに教師のメガネで我が子を見ていたことを反省しました。

我が子よりも大事なものはないのに……

一人目の育休が明けるころ、ある年配の女性に
「あんた、まさか自分の子を預けて、人の子の面倒をみるのかい？」

と言われたことがありました。今、その方の年齢を考えると世代的な思想の違いと理解できますが、当時は猛烈に傷つきました。「なぜそんな意地悪を言うのだ！」と憤慨しました。

私たちの仕事は、他人のお子さんを育てる仕事です。自分の子を人に預け、他人のお子さんを我が子のように可愛がり、慈しみ、大事に育むのが仕事です。大人はそれが「職業」と理解できますが、子どもにとっては何とも複雑です。もしかすると、我が子の目には、「お父さんは自分を置いてよその子のところに行く」「お母さんは自分よりもよその子を可愛がっている」と映るかもしれません。我が子以上に大事なものも愛しいものもありません。でも子どもは、親の働く姿に寂しさを感じるかもしれません。年配の女性のあのことばは、そうした懸念を示唆したものだったと思います。

これも、私の失敗談なのですが、夏休みに家族旅行に行ったときのことです。当時、私

は、出先で見つけた安価なものをあれこれ買って、休み明けにクラスの子全員に当たるくじ引き大会をしていました。私がその景品を選んでいると、我が子が、

「いいな……」

とぽつりと言いました。私はハッとしました。我が子たちにはほいほい物を買ってやらないのに、よその子たちにはたくさん買っているのです。まして、家族旅行であるにもかかわらず、よその子のことを考えて買い物をしているのです……。

教師は、「親をとられた」という感覚を我が子に抱かせてしまう可能性のある職種です。他の職種の方々の子が、親の共働きで寂しい思いをしているというのとは少し意味合いが違うのです。

私たちが教材研究をしているとき、私たちが生徒指導をしているとき、それは全てよその子のためなのです。この仕事がそうした構造にあることを十分自覚しながら、親として我が子を育てなくてはならないのだと思います。

我が子を教師目線で評価してしまいそうになったら一旦ストップ。子どもを肯定しよう。

家庭編

11 心を繋ぐ、お手伝いと交換日記

お手伝いは我が子への愛情表現

子どもは親が大好きなので、親がすることは何でも真似したがります。特に親が楽しそうにしていることは、自分もしたいと思います。「大好きな親が楽しんでいるのだからよいことに違いない」「大好きな親と一緒に楽しみたい」そんな心理が働くのです。

特に小さいうちは親のそうした影響を受けやすいので、できないのに料理や洗濯などをしたがります。手間がかかる、面倒だと退けてしまわず、一緒に家事を楽しめるといいですね。

最近では、お手伝いをさせることで、段取り力がつくとか、頭の回転が速くなるとか、子どもをかしこくする効能について言われています。しかし、**お手伝いのよさはそんなちっ**

ぽけなものではなく、子どもが生きていくための力になるところにあると私は考えています。

子どもは、いつまでも親のそばにいるわけではありません。いつか独り立ちして家から出て行きます。ずっと親が世話をしてやれるわけではないのです。

ですから、身だしなみを整えるなど自分のことが自分でできるようになってきたら、衣食住のことも自分でできるスキルを身に付けさせることが愛情です。将来一人で暮らしたときに、自分でご飯を作ったり、部屋をきれいに掃除したりできることは、自分で自分を大事にできるということです。自分で自分を大切にできるようなスキルを身に付けるために、できることから少しずつお手伝いさせていきましょう。

そして、家族のために役割を果たすことができたときは、「ありがとう」を伝えましょう。そうすると、子どもは、「自分は親のために力を尽くすことができる存在だ、大好きな親を幸せな気持ちにできる存在なのだ」と分かります。きっと、そんな自分を嬉しく思ったり、誇らしく思ったりするでしょう。我が子が自分自身を好きになってくれる……、親にとってこんなに嬉しいことはないじゃないですか。

交換日記で「お帰りなさい」の先取りを

どんなに我が子を思っていても、思いの丈がわが子に届かないことがあります。はたまた、思春期の子どもとの言い争いにより、気まずいまま仕事に出向くこともあります。そんな我が子との心を繋ぐアイテムが、交換日記です。

すっかりデジタルの時代になりましたから、アナログで交換日記をする必要などないのかもしれません。ですが、交換日記には、そのときの気持ちが時差で伝わるというよさがあります。デジタルの通信ツールはオンタイム。今の気持ちが、今伝わります。しかし、交換ノートは、今の気持ちが後で伝わります。そこによさがあるのです。

交換日記は、私の母がしてくれていたことです。母は仕事に行く前に、ノートに手紙を書いて置いて行ってくれていました。手紙といっても簡単なものです。「おかえり」「学校楽しかったかい？」「今日はどんなお勉強したか教えてね」「晩ごはんはハンバーグ。お楽しみに」など私たち三姉弟に宛てた他愛もないものでした。たまに「昨日はごめん、言い過ぎた」なんていうのもあって、帰宅後それを読むと不思議と許せる気持ちになるのでした。「こっちこそごめん」「今日の学校は普通」などと返事を書き、その場にいない母と対話していました。

デジタルツールと違って、手書きにはコピペやテキストの予測機能もありません。ですから記されていること一つひとつが、その人がその場で思ったことです。書いてあること一つひとつに、その人の手間と時間がかかっているのです。それゆえに、「この瞬間はあなたのことだけを考えているよ」ということを伝えられるのではないでしょうか。

出勤前の一分間、あるいは、子どもが寝てからの一分間、交換日記で「お帰りなさい」を先取りしてみませんか。「忙しくて手はかけられないけれど、心はいつもあなたを思っているよ」と伝えるために、気持ちを書いてみませんか。

いいえ、交換日記でなくともよいのです。我が子がかけがえのない存在であるという思いが伝わる何かでよいのです。よその子を育てる職業の私たちだからこそ、そうした思いを伝え続けることが大事なのではないでしょうか。

一緒に過ごす時間が十分とれない中でも、愛情が伝わる。

学校編

1 仕事の優先順位が自動的に決まるシンプルな大原則

優先順位は内容で判断？ 期日で判断？ それとも出てきた順？

教師の仕事を大きく分類すると、授業・教科経営、生徒指導、学級経営、保護者対応、校務分掌、他機関との仕事……など、多岐に渡ります。こうした仕事の種類ごとに優先順位をつけることは不可能です。かといって期日を最優先にすれば、突発的な仕事が後回しになります。その結果、初期対応が遅れて大ごとになり、かえって仕事が何倍にも膨らむ場合もあります。

こんな例を考えてみましょう。今日の放課後は、三週間後に提出する指導案を作る予定だとします。帰り際、教室で、AさんとBさんが言い争いをしていましたが、そのまま帰しました。おかげで放課後はたっぷり指導案作りができました。しかし、翌日、Aさんと

Bさんは険悪ムードです。昨日の言い争いを聞いた周囲の子たちも巻き込んで喧嘩していきます。やがてクラスでグループ抗争が起き、その対応に時間を大幅に割かれることになりました。

これは極端な例ですが、初期対応を後回しにしたせいで問題がこじれることはよくあります。わずかな時間を惜しまず、その場で声をかけるなり事情を聞くなりしていれば、事態が収束していたかもしれません。収束しないまでも、拡大を防ぐ糸口を掴めていたかもしれません。話を聞いておくだけでも、翌日、先手を打って指導ができた可能性もあります。

こんなことぐらい柔軟に対応できるだろうと思われるかもしれませんが、「放課後に指導案を作る」とはじめから決めていると、対応する時間が惜しくなってしまいます。期日で優先順位を決めるという縛りをかけたことによって、指導案と喧嘩への対応を天秤にかけてしまい、正しい判断ができなくなってしまうのです。

では、期日ではなく、出てきた順に仕事をこなせばよいかというとそうではありません。「指導案を作っていたのに、運動会の用具づくりを頼まれた」「明日の授業準備もしなきゃ、宿題の丸付けも……」と湧いて出てくる仕事に忙殺されてしまいます。これでは、指導案は提出日目前になって完成度の低いものをやっとこさ提出……ということにもなりかねません。計画的に仕事を進めるためには、優先順位の判断基準をどう設定するかが肝なのです。

人が関わるものは先、自分一人でできるものは後

おすすめなのは、**「人が関わるものは先、自分一人でできるものは後」**という基準で優先順位をつけることです。

私たちの仕事の中心は、子どもです。ですから、子どもに直接関係する仕事は最優先です。なぜなら、わが子と同様、各ご家庭で愛され大事にされている子どもたちのことが何よりも大事だからです。指導案と子どもなら、迷わず子どもへの対応が優先されるべきです。

しかしこれは、子どもに関わることであれば、全て時間をかけて親切丁寧に対応せよと言っているのではありません。ことによっては、目配りをして終わりということもあります。大事なのは、**「子どもに関することは常に最優先」**というルールです。そうすることによって、重大な対応ミスが防げ、結果、効率よく働くことにつながるからです。保護者についても同様のことが言えるでしょう。

また、私たちは、同僚や管理職などとも仕事をしています。締め切りを守る、会議の開

始時刻を守るなど、他者の時間を奪わないよう計画的に仕事に着手することが肝要です。他機関の方々の手を煩わせないよう早めに連絡をする、余計な連絡を差し控えるなども、他者を優先し他者の時間を奪わないという視点での仕事の仕方です。

対して、自分一人でできる仕事もあります。一人でできる仕事の多くは、指導案や提案文書の作成など、思考を要するものです。こうした仕事には、細切れではなくまとまった時間が必要です。そのためには、他者から干渉されない時間が要ります。**他者の仕事を優先することは、かえって他者に入り込まれない自分の時間を確保することにも繋がる**のです。

このように、「人に関わるものは先、自分一人でできるものは後」という優先順位をもっていると、とっさのときの判断を間違えません。それが、結果的に時間を生むことにもなります。仕事の優先順位を決める上で、ルーティンを決めるとか仕事の大小で判断するといった方法もありますが、より大事なのは自分の中に大原則をもつということなのです。

細かな仕事を先に終わらせれば指導案作りに集中できる。

学校編

2 一日の最初に帰宅時間を決めてしまう

毎日目指そう、定時退勤！

目指すは毎日定時退勤です。毎日です、毎日。忙しいから無理だとか、私には無理だとか思わず、とにかく目指すのです。まずは、定時に帰ることが当たり前で、定時を越えるのはイレギュラーなのだという意識をもつことに意味があります。

定時退勤ができない理由の一つに、周りの目が気になるということがあります。昨今の働き方改革により定時退勤が推奨されているにもかかわらず、「自分だけ帰るのは気が引ける」「周りの目が気になる」「嫌味を言われる」などという声を聞きます。

確かに、みんなが仕事をしているのに自分だけ帰るのは気が引けるでしょう。何も言われなかったとしても、視線が気になります。嫌味を言われればなおのことでしょう（場合によってはパワハラですね）。

「嫌な思いをしてまで定時に帰らなくても……」という気持ちもわかります。でも、あなたが人に気をつかって過ごした三十分を、あなたのお子さんはあなたを待ちながら過ごしているのかもしれませんよ。あるいは、三十分早く帰ることで、家事や育児、ご自身の休息に充てることができるかもしれません。他者の視線は、そうしたものと引き換えても跳ね返せないものでしょうか。

「どうしても当たりがきつくて」とか、「自分はそれを跳ね除ける気力がない」ということであれば無理にとは言いません。**でも、そうでなければ、毎日定時に帰ると決めましょう。そして、力の限り定時に帰りましょう。周りに「定時に帰る」と明言しましょう。**

最初は嫌な思いをすることもあるかもしれませんが、だんだん「あの人は定時に帰る人」という認識が広まります。その認識が定着すれば、だんだん何も言われなくなります。そして、自分も気にならなくなります。

定時で帰る人が職員室に増えたらしめたものです。

「限り」を意識することで生まれる時間

定時退勤を常とすることで、時間は有限であることが意識されます。できるか否かは別として、限られた時間内で今日の仕事を終えようという意識が芽生えます。少なくとも**「何時までかかってもいいや」というような時間無制限の仕事の仕方はしなくなるはず**です。

ちょっとこんな場面を想像してみましょう。今日は休日。あなたの部屋は散らかっています。そこへ一本の電話。「突撃！　あなたのおうちに有名人！」という番組スタッフからです。一時間後にあなたが大好きな芸能人がうちに来て、泊めてほしいというのです。大好きな芸能人に会えるなんて千載一遇のチャンス！　断るわけがありません。

そうと決まれば、あなたは死ぬ気で部屋を片付けませんか？　芸能人が来て見るであろう場所、足を踏み込むであろう場所を即座に思い浮かべ、どこを優先的に片づけるか決めるでしょう。ついでに鏡をのぞき込み、身支度が先か掃除が先かを瞬時に判断し、時間配分を決めるでしょう。

しかし、こんな電話がかかってこなければ、つまり、どうしても一時間後に掃除を終えていなければという条件下になければ、散らかった部屋を一時間で片付けはせず、「どうせ今日は休日」と、のんびり片付けるのではないでしょうか。本気でやれば一時間でできるのに、その何倍もの時間をかけるのです。このように、時間が限られていると、人は全力を尽くさざるを得ないのです。

そうはいっても、「仕事の量的に定時退勤は不可能だ」という場合もあるでしょう。

そういうときは、**自分の中の定時を決める**ことをおすすめします。このとき、「帰れそうな時間」を決めてはダメです。ちょっと頑張らなければ帰れないという時間を設定してみましょう。また、行事間近でいつもの時間に帰れそうにないときも同様です。「今日は○時に帰る」と決めるのです。そうすること自体が、仕事に優先順位をつけ、仕事を精選する思考を誘発します。

もちろん、自分のすべきことはきちんと終える、途中でやめても期日に間に合う見通しがあり他者に迷惑をかけないということが前提です。

学校編

3 間違えてはいけないものは手厚く、替えのきくものはそこそこで

丁寧は善？

一般的に、丁寧に仕事を行うことは善とされます。細部に気配りがあり、入念に丹精込めて仕事に向き合う人は、ミスがなく正確な仕事振りを高く評価されます。また、心がこもっていてよいと評価されることもあるでしょう。相手への敬意や思いやりが見えることが大切だというのも、多くの人が是とする考え方です。それはもちろんそうなのですが、果たしてすべての仕事を丁寧に行うことは可能なことなのでしょうか。

教師の仕事は広く多岐に渡ります。**現状の業務量に鑑みて、全てを丁寧に行っていては、勤務時間内に（休憩四十五分間をきっちりとって）終えることは不可能に近いのではないでしょうか。**かといって、全てを雑に行えばミスが多発するでしょうし、丁寧に行わない

ことによって信頼が損なわれることもあるでしょう。

もちろんすべてを丁寧に行うことが理想です。しかし、限られた時間内に膨大な仕事量をこなすには、丁寧に行うべきものとそうでないものを見極める目が必要です。そして、かけるべきものに時間と手間をかけ、そうでないものにはそこそこでという割り切りも必要なのではないでしょうか。

丁寧にすべき仕事の基準は替えがきくかきかないか

丁寧にすべき仕事の筆頭は、**お金に関する業務**です。近年、現金を直接扱うことは減りましたが、自治体によっては教師が集金額をはじき出して保護者に通知し、現金で集め、入金や支払いをするところもあると聞きます。直接現金を扱わないまでも、振込額を計算するのは教師の仕事ということもあるようです。

現金を扱う場合は、朝一番に手渡しでもらい、朝のうちに中身を確認し、朝のうちにしかるべき場所へ保管するなどの手続きを済ませることが肝要です。自治体や学校によって手続きが異なるでしょうから一概には言えませんが、手間がかかっても朝のうちに中身を確認し処理してしまうことが大事です。

現金を扱わない場合、例えば宿泊行事の必要金額をお知らせする場合などでも、金額を間違えて伝えてしまっては大変です。業者の方がすべて行う自治体もあるかもしれませんが、任せきりにせずにひと手間掛けて確認することが必要です。お金に関するミスは、致命傷となることもあり得るので、丁寧に行わなくてはなりません。

もう一つ丁寧に行わなくてはならないのは、**個人情報に関すること**です。成績や調査書などのほか、氏名や生年月日などを記す場合は丁寧な確認が大事です。

ここで、エピソードを一つ。小学校の入学式当日。一年生の翔太さんは張り切って学校へ向かいました。が、靴箱に名前がありません。親御さんがそばにいた先生に確認したところ、「しょうた」を「しゅうた」と間違って記載していたとのこと。翔太さんは「ぼくの名前がない」と不安になって泣き、親御さんにも「この学校のチェック機能は大丈夫か？」と不信感を抱かせてしまったそうです。些細な事例のように思えるかもしれませんが、一つの間違いで信用を失うこともあるのです。金銭、個人情報にかかわらず、「間違えると致命傷だな」「後で替えがきかないぞ」というものは、たとえ時間がかかっても丁寧に作成し、丁寧に確認する必要があるのです。

こうした視点で仕事を見ると、反対に、「これはそこそこでいいなあ」と思えるものがたくさんあることに気が付きます。

例えば、職員に配布するメモ。「生徒指導部会、〇月〇日会議室で」と一言書けばわかるところを、きれいな枠飾りを選び、丁寧な書き出しで文章が綴られているもの。あるいは、並び順などを決めるくじ。その辺の紙を等分して切り、番号を記せば三分で終わるところを、パソコンを立ち上げかわいいイラストを入れて作成し、プリントアウト。それを線に沿って丁寧に切れば十五分はかかります。ＩＣＴを使えばもっと早くできますが、フォーマットにこだわれば同じことです。

つまり、**すぐに捨ててしまうもの、わかればいいもの、一度しか使用しないものはそこそこでいい**のです。

事務的なことを例に挙げましたが、対子ども、対学級においても、そこそこでいいものがあるはずだという視点で、普段の仕事を見直してみてはいかがでしょうか。

日々の仕事の中で「手をかけなくてもいいもの」と「間違えてはいけないもの」を探してみよう。

\ 学校編 /

4 提出物はその都度処理、ゴミ処分はまとめて

雑多な仕事は「今か、後か」の判断が鍵

雑多な仕事はため込まないことが大事です。今すぐできることでも後になればなるほど面倒になります。物がたまれば、処理に要する時間も増えてしまいます。効率よく働くには、その都度処理することが基本です。

しかし、**その都度することでかえって効率を下げてしまうものもあります。**処理するのに手間がかかるものやじっくり考えなくてはできないことをその都度しようとしては、無駄な時間を要してしまいます。ですから、何でもその都度行うのではなく、何をその都度行うべきか、どのスパンで行うべきかの基準をもっておくことが肝要です。

二〇二〇年三月、新型コロナウイルス感染防止のため、全国の小学校が休校となりまし

た。学年末の急なことだったので、勤務校では大量のプリントや返却物を袋詰めし、一人ひとりに渡すことになりました。プリントの中身は休校のお知らせの他、学習に関すること、進級に関すること、学年のお便りなど多岐に渡ります。教育委員会からのお知らせや他機関からのプリントもありました。

とにかく大量のプリントを一人分ずつ袋詰めするわけですから、結構な手間です。学校に帳合機が一台ありましたが、一度に処理できるのは十枚まで。しかも、時々詰まったりミスがあったりしたので、最後には枚数が揃っているかの確認も必要でした。

あなたなら、どのタイミングでどのようにこの仕事を処理するでしょうか。

その際、何人かの人たちはプリントが出てくる度に一枚一枚袋に入れていました。その他多くの先生たちはプリントが出揃った段階で帳合いし袋詰め。帳合機を使えば、枚数の確認があったとしてもあっという間に終えることができ、造作ない仕事のように思えました。

「その都度」処理が原則だが、例外もある。

しかし、こういうときには必ずと言っていいほど「急な追加プリント」が出てくるものです。そうなると、すべての袋に追加で一枚ずつ入れていかなくてはなりません。追加が一枚ならまだしも、二枚、三枚……と増えれば、手間もその分増えます。時間もかかります。「その都度方式」が裏目に出てしまった事例です。

この場合は、先を見越して、「もうこれ以上の追加はないだろう」というぎりぎりまで待ってからまとめて行うのが効率的です。それでも追加が来る……ということがないわけではありませんが、要は、いかに手間と時間をかけずに仕事をするか、そのためには「今」か「後か」という判断ができることが肝要なのです。

「今」にもタイミングがある

他者が関わっておらず、後から追加の仕事が湧いて出てくる心配のないもの、つまり、自分の裁量だけでできるものは「その都度」が基本です。

行事などの反省は随時記入し、行事終了と同時に提出。後になれば行事の記憶も薄れ、思い出すのにも時間がかかります。調査やアンケートなども手にした瞬間に取り掛かります。後回しにすれば、そんなものがあったことすら忘れて期限を過ぎてしまうかもしれませんし、「どこにあったっけ?」と探す時間も無駄です。

教室で大量に配られるプリント類の余りは、その日のうちに処理してしまいます。数日分溜めてしまえば、ホチキスはずしやシュレッターにかけるもの、古紙としてリサイクルするもの、用紙の大きさなど、分別するのも大変です。私は、放課後教室を出る前にそれらを分別してしまい、職員室に戻った瞬間に処理するよう心掛けています。その際、職員室で出たプリントも一緒に処理できるように、こちらも朝のうちに分別しておきます。

どうしてもその日に処理できないときは……。分別したプリントをパソコンの下に隠しておき、見た目はきれいな状態で一時保管します(笑)。一度机の中に入れてしまえばそのまま忘れてしまう可能性があります。ですから、すぐに気付ける場所に保管することが肝要です。

なお、ご家庭から学校に提出してもらうプリントの余りは、すぐに捨てず教室にストックしておきます。紛失などの場合に再度印刷する手間を省くことができるからです。

5 一分でできる仕事、五分でできる仕事をストックしておく

スキマ時間の有効活用にはメリットしかない

スキマ時間とは、業務と業務のスキマにできるわずかな時間のことです。例えば、始業までの数分間、会議や打ち合わせまでの数分間、退勤時間までの数分間……。もしかすると普段はあまり意識していないかもしれませんが、勤務時間内にスキマ時間はたくさん潜んでいます。

例えば、職員会議が始まる五分前。時間がぽっかり空きました。あなたは、こういうときをどう過ごしていますか？　のんびり一息でしょうか。会議開始をぼんやり待っているでしょうか。それとも周りの先生と雑談？　そのときによって違うという人もいるかもしれません。

五分が六回積み重なれば三十分です。もし三十分間あれば、きっと多くの人は何か仕事をしようと思うでしょう。プリントの丸付け、教室整理、提案文書作成、授業の準備など、できそうな仕事が次々に浮かびます。

では、それらの仕事は本当に三十分なくてはできないのでしょうか。全力で行えば二十分間で終えられる仕事ではありませんか？　三十分ですると思っているから三十分かけてよいというバイアスがかかり、無駄に時間がかかっているということはないでしょうか。

スキマ時間の利点は、時間が限られているということです。自分の裁量ではなく、時間が来たら強制的に仕事を中断しなければなりません。何をどうあがいても会議はあと五分で始まるのですから、この仕事は絶対に五分間しかできません。**そうすると自ずと集中力が高まり、より速くより多くの仕事をこなすことができます**。計算問題を制限時間付きで行うか否かを思い浮かべていただけると、納得していただけると思います。「時間はたっぷりある」という意識が時間は有限であるという感覚を麻痺させ、のんびりと仕事をさせてしまうのです。

同様に、時間は有限であることを自覚することで、集中して効率的に仕事をすることができます。まずは、スキマ時間ができたら、「この時間で何ができるかな」と考える習慣づけから始めましょう。

とはいえ、本当は……。スキマ時間をあくせくして働かなくても済む適正な仕事量であるべきだと思います。同僚との雑談も惜しまなくてはならないなんて、何て世知辛いとも思います。雑談が生む効能、効果は計り知れず、雑談から学ぶこともたくさんあることは百も承知です。

しかし、理想を語って愚痴を言っていても現状は変わりません。子育て世代にとって時間は貴重です。一分でも早く帰りたいと思うのであれば、この一分のスキマ時間を有効活用しましょう。

まずは、「一分仕事」「五分仕事」をリストアップ

スキマ時間に即座に仕事に取り掛かるには、何にどのくらいの時間がかかるかを把握している必要があります。スキマ時間に何をしてよいかわからない場合は、**普段何にどのくらいの時間をかけているか、リストに書き出してみましょう**。その結果、一分でできる仕事なんてなかったとしても、どうすればもっと時間短縮できるかという視点で仕事の仕方

を見直してみることも必要です。

ちなみに、スキマ時間に向く仕事は、準備に時間や手間を要さないものです。すぐに取りかかることができなければ、準備しているだけで終わってしまいます。

例えば一分間なら、同僚への伝言を作成して渡すとか、プリントの分別をするとか、ゴミを捨てに行くとか、文書をプリントアウトするとか、日程を確認するといった仕事が考えられます。些細な仕事でも終えてしまえば、残りの時間は違うことに使えるのです。

五分間なら、簡単な文章の作成、プリントの丸付けやテストの点数の入力など、できることの幅が広がります。職員室での仕事だけではなく、教室での仕事にも発想を飛ばせば、できることはもっともっと広がります。

大切なのは、「会議までに何分あるか」「あと何分で退勤時間か」などを、常に意識して時計を見ることです。「この時間で何ができるか」と、常に考えながら仕事をしましょう。「偶然降って湧いたご褒美的時間で何をしようか？」ではなく、常にスキマ時間に気付けるような意識でいることが大事なのです。こうした意識でいるうちにスキマ時間の存在に目が向き、スキマ時間を有効活用しようという意識が身に付き、結果的に仕事の手早さや効率のよさが身に付くことに繋がるのです。

6 要るものは何でもファイリングして持ち歩く

紙は必要なものだけを選んで一箇所に保管

学校は多種多様な提案物で溢れていますが、それらをどのように管理していますか？全てをファイリングしていますか？　あるいは種類ごとでしょうか。紙の提案物は全てデータ化しフォルダで管理という方も多いかもしれません。

人によって使い勝手のよさは異なりますから「これがいちばん」というものはないのかもしれません。しかし、「必要なものは要る」「必要のないものは要らない」という当たり前のことは、書類管理の方法にかかわらず共通しているのではないでしょうか。

私は初任の頃、全ての提案文書をファイリングしていました。かれこれ三十年近く前ですから、もちろん全て紙です。紙全てをファイリングするのはそれなりに手間でしたが、初任だった私は、何が必要で何が不要かわからなかったのです。それに、捨ててしまったあとで必要になり、困ったらどうしようと不安でした。

最初は「職員会議」「校内研修」のほか、「運動会」「学芸会」など大きな行事のファイルも作っていました。しかし、ファイルで机の引き出しがぱんぱんになってきたので分冊化をやめ、全てを一元化しました。そうすると今度は、行事のときに必要なものが探し出せずに困りました。探し出せても、時間がかかるのです。そこで次は、見てわかったものは捨てることにしました。これで随分とすっきりしたのですが、要らないと思ったものが後で要ることがわかったり、わかったと思ったことがわかっていなかったりして困りました。そうして辿り着いたのが、**「要るものだけを一元化」作戦**です。

その際、ポイントになるのが、**要るものの中でもさらに使用頻度が高いものは別に保管**することです。「要るもの」といっても、全てがいつも同じように必要なわけではありません。「要るもの」という観点だけで分別しては、結局必要なときに探さなくてはなりません。要は、頻度と重要性という観点で分けてそれぞれを一元化しなくては、使い勝手が悪いのです。これは、紙媒体だけではなく、データで管理する場合も同じことが言えると思います。

まずは重要度で分け、次に頻度で分別。それ以外は即処分

提案物の中には、なくては困るものがあります。行事に関するものや調査関係のもの、通学路の工事予定、身体測定の方法など、直接子どもに関係するものです。また、年度初めに提案される日課表や特別教室の割り当てなど、授業に関するものも必要です。

しかし、これらはいつでも必要であるわけではありません。年間通じて必要な情報もありますが、時期が過ぎたら要らなくなるものもあります。

そこで、日課表や教室の割り当てなど、**年間を通じて確認頻度の高いものはまとめてファイリング**します。これはいつでも取り出せるように、できればいつでも持ち歩くものにファイリングしておくと便利です。紙媒体だと電源を入れ立ち上げる手間が省けるので、データ管理を常としている人も重要度と頻度の高いものは紙媒体での一元化がおススメです。

行事の提案物や通学路の工事予定など、**時期が過ぎれば不要となるものは、すべて一つにファイリング**しておきます。持ち歩けば、いつでも必要なことを確認することができますが、データで管理したほうがスマートかつ便利です（私は**教師用タブレットでプリント**

を撮影し、アルバムに保存しています）。紙の場合は、これらは一過性のものなので、必要期間が過ぎれば中身を確認せずに捨てることができます。なお、綴じる前にホチキスをはずしておくと処分するときに手間がかかりません。

なお、運動会などの行事文書は、指導に必要な部分だけをファイリングします。上に何枚重なってもすぐに取り出せるように、使用期間中は付箋をつけておけば探す手間が省けます。

これら以外の文書の必要度は低いので、校務などに関わる重要文書ではない限り、すぐに処分してしまいます。その都度処理しておけば、年度末に膨大な量をシュレッダーしなくても済みます。こうした小さな積み重ねが、大きな時間の損失を防ぐのです。

時折、「必要な文書なのに処分してしまった！」ということがあります。会議録やデータ元をたどれば大丈夫ですが、時間を要するので、分別時の判断を誤らないことが肝要です。

「確認頻度の高いもの」「重要なもの」はファイリング。その他は溜めずに処分。

学校編

7 片付けが楽になる掲示物の貼り方

貼り方の一工夫で時短が叶う

「掲示物なんて貼って剥がすだけ……」なんて思っていませんか? 確かに、貼って剥がすというだけの単純作業ですが、ぐにゃぐにゃに貼るわけにはいきません。ある程度まっすぐ貼ろうとすると、それなりに時間はかかります。貼って剥がしてを年間何度も繰り返すとすれば、その作業時間もバカにはできません。ちりも積もれば……ですから、こうした作業をいかに効率的に行うかで、生まれる時間の量も変わります。

掲示物を貼る前に、まずはどこに何を貼るかを計画します。ポイントは、年間通して貼り替えない固定的掲示物か、入れ替えが必要な流動的な掲示物かを見極めることです。固定の掲示物はできるだけ高いところに、流動的な掲示物はいちいち脚立を持ってこなくとも貼ることのできる低い位置に計画します。

　次に、手間をかけずまっすぐ貼るために、壁に鉛筆で薄く印をつけます。この線があると、楽にまっすぐに掲示することができます。特に何度も貼り替える流動的な掲示物の場合は、大幅に作業時間を短縮することができます。糸を張って目印にする、吊るした紐にぶら下げたクリップで掲示するという方法もありますが、紐がたるんでだらしなく見えるのが嫌な人には不向きです。

　実際に貼るときには、画鋲を打つ向きを斜め一方向にします。こうすることで、剥がすときにいちいち手の向きを変えずに画鋲をとることができます。固定的掲示物は途中で剥がれて貼り直す手間を省くためにやや強めに、流動的掲示物はとりやすさを重視して剥がれない程度の強さで画鋲を打ちます。児童の作品を傷付けないように、直接作品に鋲を打たない配慮もお忘れなく。

　ちなみに、テープを使って貼るときは、テープの先端を少し折り曲げて壁に粘着面がつかないようにしてから貼ります。時間が経つと粘着面がこびりついて剥

テープの端を折り曲げて貼ると片付けのとき大幅な時間短縮に！

がしづらくなるので、このひと手間をかけることが、後の仕事を何倍も楽にするのです。

先を見通せば終わりが楽になる

掲示にかかわらず、どんな仕事でも、始める前に先を見通してから取り掛かれば最終的に仕事を減らすことができます。もう少し具体例を見てみましょう。

教室には掃除用具や教具など、色々ものが配置されます。中には使用しないものも配置されますが、どうしていますか？　使わないものは返却できればよいですが、次の教室使用者に引き継ぐために保管が必要なものもあると思います。しかし、使わないからといってその辺に積んでおけば埃をかぶります。そうすると、年度末に引き継ぐときにきれいにしてから返さなくてはなりません。手間と時間が無駄にかかります。

この場合は、**使わないものをまとめて箱などに入れ、棚にしまい込む**のが正解です。棚に入らない、ちょうどよい箱がないなどといった場合は、大きなゴミ袋ですっぽり包んでおけばよいのです。こうしておけば汚れませんから、年度末の忙しいときに時間をとられずに済みます。

また、教室で使用するゴミ箱にごみ袋をかけて使用したり、ラジカセやテレビなどに布カバーを掛けて埃を防いだりするのも同様です。汚れを未然に防いでおけば、たとえ後で掃除をする必要があるとしても短時間できれいにすることができます。

さらに、「終わり」を通り越して、「次の始まり」を意識する場合もあります。教室移動をする際、多くの学校では棚や机の中身をすべて出して移動します。出した物は次に入った教室に収めることになりますが、どこに何を入れるかに悩み時間がかかることがあります。

そうした時間をなくすには、**新教室に物を収めた後すぐに写真を撮っておくと便利**です。教室内の物の配置や、棚や机の中に何をどう置いたかなどを記録として残しておけば、次の教室でもそれを見ながら同じように配置すれば時間はかかりません。こうしたわずかな手間が時間を生むという目で、他の業務も見直してみてはいかがでしょうか。

めったに使わない掃除用具はビニール袋に入れて棚に保管するとスッキリ。

8 年間行事を見通し、前倒しで準備

勝負は年度初め

一年間でいちばんの繁忙期ともいえる新年度、四月。多くの先生たちは、新学期の準備に腐心します。教室設営や教材選定、学級開きや授業開きをどうするかに時間を費やします。始業式前日の遅くまで準備して何とかかんとか始業式を迎え、始業式が終われば翌日の準備……と、その日その日をこなすので精いっぱいになりがちです。

目の前の仕事をこなすことで手いっぱいになると、つい、少し先の仕事に意識が向きにくくなります。その結果、行事が迫ってきてもノープラン。あるいは、何時間もあれこれ悩み、恐ろしい時間をかけて準備をすることになります。そうした**「追われる」仕事の仕方からの脱却の糸口が、「新年度に年度全体を見通す」こと**です。

こんな場面を想像してみてください。ある人が忙しさにかまけて、明日が母の日であることをすっかり忘れていました。毎年、両家の母には何かしらの贈り物をしています。「今年は忘れていました」というわけにはいきません。そこで、とにかく何か買わねばとお店に行きました。「エプロンは去年贈ったし、ハンドバックは予算オーバー。服は好みがあって選びづらいし、食べ物がいいかなあ」なんて悩み始めると何を買っていいかわからなくなり、悩みに悩んでようやく購入……。あなたにも、似たような経験はありませんか？

この例は、前もって考えておけば対処できたと思われる事例です。何を贈るか、前もって悩んでおけば、おおよそのターゲットを絞ってお店に行くことができたでしょう。

新年度にその年度の仕事を俯瞰しておくことの利点は、**日常生活の中で無意識にアンテナを張っておける**ということです。いつ運動会があるかを把握していて、いつ頃までには準備しなくてはという意識があれば、ふと見たテレビ番組や雑談などがアンテナに引っかかります。それが運動会の学年種目のヒントを得ることに繋がるかもしれません。

行事の準備には、実際に取り掛かる前の思考過程も含まれます。ですから、その分のゆとりを持って、新学期の時点で年間のすべき仕事を頭に入れ、頭の中で前倒しして準備しておくとよいでしょう。

「さて、どうします？」からの脱却

運動会の例をもう少し掘り下げて考えてみましょう。「さて、何にしましょう？」とゼロからスタートする話し合いがあります。たたき台がなく、みんなで知恵を出し合って決めていきましょうというものです。一見民主的に見えますが、ゼロスタートの話し合いは恐ろしく時間がかかります。思い付きで出される案の大部分は、実現不可能だったり準備が大変だったりするものです。あるいは、即座に意見が出ず、「じゃあ宿題ね、明後日また打ち合わせましょう」となれば、結局会議の時間は無駄だったということにもなりかねません。

これを脱却するには、あらかじめ案をもっておくことです。**話合いの始まりと同時にいくつか案を提示すれば、すぐに検討から始められます。**自分が担当者である場合は、可能な限りそうすべきですし、担当ではない場合も案をもって話合いに臨めるとよいでしょう。さらに、運動会の一か月前に案を持ち寄ることを告げておけば、多数の中からより質のよいものを選定できる可能性が生まれます。

行事準備のスケジュール例

日	曜	行事予定	学芸会準備関係	総合	備考
3	水	学打ち	台本決定、スケジュール確認、教師分担確認、配役決定方法確認		担当者が台本案提示
4	木	委員会			
5	金	児童会選挙	ダンス、合奏曲、歌決定		担当者が提案
6	土				
7	日				
8	月	研修　学級テーマ話し合い	「どんな学芸会にしたいか」話し合い　台本配布、配役決定　歌練習開始		
9	火		パート練習開始	特徴調べ（衣食住）	セリフ暗記完了
10	水	持久走大会（4）			
11	木	委員会　テーマ提出			
12	金		タイムマシン、マンモス、黒船、バック絵作成開始	特徴まとめ	
13	土				
14	日				
15	月	敬老の日			
16	火	特別日課・舞台幕張	衣装、小道具作成開始	実際に作ってみよう	
17	水	プロ完成			
18	木	係児童所属決定			
19	金		タイムマシン、マンモス、黒船完成		ダンス完成バッチリ状態
20	土				
21	日				
22	月	職員会議　放送原稿、舞台配置図、照明原稿提出、台本放送へ	あわせ練習開始		
23	火	秋分の日			
24	水	控え室連絡	バック絵完成		
25	木	係児童			もう、バッチリ
26	金	絵画展示	衣装小道具完成	作成から学んだ事	手直し
27	土				↓
28	日				↓
29	月	校内絵画展	衣装着てやる		かなりバッチリ
30	火				もう、最高！！
1	水	係児童			
2	木	児童公開日			90点のでき。後一歩。
3	金	学芸会準備			
4	土				一休み…
5	日	学芸会父母公開日			100点以上！みんな、がんばったね！って言う予定。
6	月	振り休			心おきなく休む

自分が担当の場合は、「いつ」「誰が」「何を」「いつまでに」行うかを明確にしたものを関係者全員に提示します。準備期間中にすべきことも入れておくことが肝要。そうすれば、その期間の仕事の全体像を把握することができ、取りこぼしやり残しを防ぐことができます。

学校編

9 こまめな記録がピンチを救う

評定時期になってからする評価は正しい評価？

教師の仕事の中でも負担感が大きいとされているものに、通知表の作成があります。多くの学校では、通知表には学習や生活の評価、評定と所見を記します。通知表を出す頻度やその中身については学校それぞれですが、ＳＮＳ上で見る限り、多くの先生方がこの仕事に四苦八苦しているようです。

私なんぞが言うまでもありませんが、評価や評定は、日々の生活指導や学習指導の結果です。どのように指導し、その結果どうであったかというものです。一時間の授業で何を指導するかは、その授業で何を見取るかということです。つまり、**一時間の授業での見取りを日々少しでもメモしておき、その蓄積を評価や評定とすればいい**のです。

ところが現状では、評定時期になってから慌てて作品を観たりノートを集めたりして評価している節があります。この時期にまとめて評価するとなると、この指導の肝は何か、何を基準に評価するのかということを、いちいち思い出さなくてはなりません。カリキュラムを見たり、学年打ち合わせ資料をひっくり返したりしながら評価するので、恐ろしく時間がかかります。これが通知表を作る時期に大忙しとなる一因です。

所見についても同じことが言えます。この時期になってから、「さて何を書こうかな?」となるから悩んでしまうのです。文章力や経験の差もあるかもしれませんが、多くは、「さて何を書こう?」というところからスタートするから時間が掛かるのです。通知表を効率よく仕上げるには、前項で述べた「あらかじめ思考しておく」準備期間を意識しておくことがポイントです。

評価を毎時間ごとに行うには、その時間に何を指導し何をどう見取るかを明確にしておかなくてはなりません。カリキュラムで確認したり、学年で打ち合わせたりすることが必要です。それに基づき一時間ごとに評価し、その場で処理すればよいのです。評定時期には蓄積したものを評定にかければよいだけです。

毎時間評価するのは大変と思われるかもしれませんが、要は慣れです。毎時間評価するとあらかじめ決めてしまえば、どうすれば効率よく評価を記録できるかという思考も生まれます。

所見についても同様です。日々、何気なく過ごしてしまっては、子どもたちのよさも頑張りも流れていってしまいます。年度や学期はじめに子どもと対話し、何を課題にどう頑張りたいかを確認しておけば、それを軸に見取ることができます。

見取ったことは随時記録しますが、慣れないうちはそれを負担に感じるかもしれません。そうしたときは、**その日に見取る子を決めたり、一週間で全員見取る**ことにしたりするなど、何かしらの工夫をしてみましょう。些細な情報の積み上げが、所見を書くときの助けとなることは間違いありません。

我が子は、親が忙しいときに限って発熱したり怪我をしたりするものです。そのためにお休みすることも想定しておきましょう。通知表の提出が遅れると、その先の仕事をする教務や管理職などにも影響が出てしまいます。信頼を維持する、他者の時間を無駄に奪わないという観点からも、できるだけ早めに取り掛かることが肝要です。

「記憶」ではなく「記録」が大事

こまめに記録をとる習慣がつけば、様々な場面で助けになります。例えば、子ども同士のトラブルや問題行動時に、記憶や感覚ではなく、記録からの事実をもとに対応することができます。指導の際の記録を取っておくことで、保護者にも事実に基づいた報告をすることが可能です。何より、事例を俯瞰的に見て理解することにも繋がります。

また、記録の取り方、蓄積の仕方にも工夫が必要です。記録の媒体を何にするかということの他に、自分にとってやりやすい方法を見つける試行錯誤も必要です。

記録は文字だけに限らず、写真や動画で残すことも大変有効です。無理なく続けられる記録方法を見出し、有効に活用できるような工夫をすることでより効率的に時間を使うことができるでしょう。

〇〇年度　　月　　日　～　　月　　日

月日	学級全体	個人
月		
火		
水		
木		
金		
学打ち		

１頁に一週間分の記録を残す。
左側には学級全体の様子を記入。

右側には、個人名を入れながらよさや頑張りを書き込んでいく。
毎日書けなくてもよいというコンセプトで。

〉見取りの記録シート〈

	名前	月	火	水	木	金
1	Aさん					
2	Bさん					
3	Cさん					
4	Dさん					
5	Eさん					
6						
7						
8						
9						
10						
11						
12						
13						
14						
15						
16						
17						
18						
19						
20						
21						
22						
23						
24						

- 一週間に一回はメモを残すというコンセプトで書き溜めていく。
- その子のよさや頑張りを簡単にメモする。メモで足りないときは、その場面を画像に撮っておくと後から想起しやすい。

市販のものでもかまいませんが、使い勝手のいいように自作するのもおすすめです。

データの並び替えや蓄積のしやすさではデジタルデータが、書きこみのしやすさでは紙ベースが便利です。

どちらにしても個人情報ですので、取り扱いには細心の注意が必要です。

学校編

10 毎年の蓄積が授業準備を救う

授業準備の効率化に近道はない

教師にとって最も重要とも言える仕事は、授業をすることです。大学で学んだ知識や経験だけで授業を行うことは不可能ですから、授業をするには事前に準備が必要ですが、授業時数や教科数が多ければ多いほど準備に時間を要します。経験を積めば少しはコツや肝がわかるので、多少効率よく準備はできますが、それでも時間はかかるものです。「授業準備の効率化などない」くらいに思っているほうが無難なのかもしれません。

ところで、効率よく授業準備をするとはどういうことなのでしょうか。効率よく授業準備をするには、何をどのように教えるかをわかっていなくてはなりません。つまり、教材の解釈や分析ができており、どのような道筋を辿ればゴールに着くか、そのために何を思考させ、どう活動させるべきか見えている必要があります。**一言で言うと、教材研究ができている状態**ということです。

教材研究をするには時間が要ります。また、ここまでしたら十分というラインもなく、深堀りしようと思えばどこまでも追究することができます。何より、教材研究力は教材研究を一度行ったら身に付くものではなく、長い長い期間をかけて高めていくものです。試行錯誤しながら身に付いていくものです。一朝一夕に力量が上がるものではありません。

それがわかっていても、子育て世代には、教材研究にかける時間が十分にはありません。指導書を見ながら授業をすることもあると思います。子どもが小さいうちは、それが続いても致し方ないと割り切ることも大事です。

ですが、少しだけ時間があるときは、その時間で教材研究をしてみましょう。全ての教科でなくてもいいのです。自分の得意な教科、専門教科があればそれでもよいですし、あえて苦手な教科にするのもよいと思います。教材研究の仕方を誰かに学べる環境になければ、本を読んだり先行実践にあたったりしながら、独学で進めていけばよいのです。

そして、少しだけ時間をかけて研究した授業は、必ずリフレクション（授業の振り返り、省察）をしましょう。発問がどう機能したか、意図と合致しなかったのはなぜかなど、子どもの実態と合わせて記録しておくことが大事です。実践を客観視することで課題が見え、次の課題が生まれます。

そうした営みは必ず積み上がり、力になります。もしかすると、子育て期間には目に見える花は咲かないかもしれませんが、その先の教師人生の中で必ず生きます。無理せず、プレッシャーに感じずに、できるときに少しだけ歩みを進められるとよいですね。

物理的な蓄積ならすぐ生きる

授業で使う資料を毎年蓄積しておけば、授業準備時間を短縮することができます。ひと口に資料といっても、ワークシートや読み物資料、提示物など様々あります。今はデータ化できるので、使ったものはとりあえずとっておくのは定石です。大事なのは、効率よく蓄積しておくということです。

日常的に使用頻度が高いものは、データでの保管に加え、プリントアウトしたものも持っておくと便利です。使用頻度の高いものは、ストックがなくなれば再度印刷しなくてはなりません。そんなときに、いちいちデータを探し出しプリントアウトするのでは手間と時間がかかります。しかし、プリントアウトしたものが手元にあれば、すぐにコピーすることができます。

また、使用頻度の低いものでも全てを一緒くたに保存してしまえば、使いたいときに使いたいものを探す手間が生まれます。とっておいたものすべてが、素晴らしいものではないはずです。中には、できの悪いものやもう二度と使わないものもあるはずです。本来であれば、そういうものはどんどん捨てていくべきです。が、いちいちそれを振り分けていては面倒です。ですから、発想を変えて、**「猛烈にすばらしい！」というものだけを一元化して別に蓄積**していくのです。

「猛烈にすばらしいもの」は、もしかすると使用頻度はそう高くないかもしれません。しかし、タイトルだけでは中身が分からず、すぐにデータを探し出せない可能性がありま す。ですから「猛烈にすばらしいもの」はデータ保管すると同時に、「猛烈にすばらしいもの」だけを綴る分厚いクリアブックに紙媒体で溜めていくのです。そうすれば、中身がすぐに見て分かり、データフォルダをあれこれ探す時間を削減することができます。目的によって資料の蓄積の仕方を変えることも、仕事を効率化する上での大切な視点なのです。

Question

子どもが共働きのことをどう思っているのか気になります。

Answer

今は成人して独立した私の娘に、小さい頃共働きのことをどう思っていたか聞いてみました。

「同じ市内の学校だったので、学芸会や運動会の行事がだいたい母の学校と重なり、行事に母がいたことはほとんどありません。

幸い、父が部活をやりくりして来てくれましたし、祖父母や親戚がこぞって見に来てくれたので、応援に誰も来ないという事態は避けられました。でも、私は母に観てもらいたかったので、いつも寂しい思いをしていました。『子どもにこんな思いをさせるなんて、嫌な仕事だ、先生なんてやめてほしい』と何度も思いました。私は大きくなっても、絶対に学校の先生にだけはならないと思っていました（笑）。行事だけではなく、参観日にも来られないことがあり、それも嫌でした。母が来られないときは、父や祖母が来てくれたのですが、私は母に来てほしかったのです。『みんなお母さんが来ていていいなあ』と思いました。

今は全くそんなこと思いませんし、母の仕事も、母が大変だったことも理解しています。恨んでもいません(笑)。でも、やっぱり、行事や参観日に来てくれなかったことは寂しかったです。後で一緒にビデオを観たり、話を聞いてくれたりしてもすぐには埋まらない寂しさじゃないかなあと思います。」

第3章

ほんの少しの気配りで職員室に味方を増やす！

1 物の置き場を決めておけば急な休みも安心

突然休むことを前提にしたルーティン作り

子どもが小さいうちは、突発的な発熱等により急に休まなければならないことが多々あることは前述しました。それはそれで仕方のないことなのですが、休む度に申し訳ない気持ちになったり、面と向かって言われなくても迷惑がられているだろうなと思ってしまいます。そうであれば、少しでも軽やかな気持ちでお休みできるように、事前に手を打っておきましょう。

①休む日の補欠（補教）用紙、授業計画表をストックしておく

まず、休む際はその旨をできる限り早く連絡するのが鉄則です。授業計画表は日頃からデータで持っておいて、いつでも作成できるようにしておきます。そして、授業計画表が

作成でき次第、すぐに送りましょう。

②物の置き場を周知しておく

教室のどこに何があるかを教師だけが把握しているのではなく、子どもたちもわかっていれば、代わりの先生にいちいち説明したりせずに済みます。

急に休んだときに備えて、「この教科ではココにあるコレを使う」と子どもに周知しておくのも一手です。

③教師不在時の動きを決めておく

計算問題のタイマー押しやお便りの配付など、普段教師が担っていることを誰がするかもあらかじめ決めておきます。何でもない普通のときに前もって練習させておくと、戸惑わずに行うことができます。子どもたちも代わりの先生も安心です。

④普段から子どもたち自身でできるようにしておく

「教師の指示がなくては成り立たない」ではなく、「教師がいなくても回る」ようにしておきます。大事なことは可視化しておく、するべきことは習慣化しておくことが肝要です。

また、学級を自分で考えて行動できる集団にしておくことも大事です。

2 今は仕方がない、恩送りで恩返しと開き直る

開き直らなきゃ、やっていけない

子どもが小さいうちは、急に休むのも、早く帰るのも、時間外の仕事を失礼しちゃうのも仕方がないのです。いくら申し訳ないと思っても、どんなに心を痛めても、どうすることもできません。どうすることもできないことに思い悩む必要はありません。もう、開き直りましょう。

最初の育休明けのとき、先輩の先生方に言われました。

「**色々焦るし、申し訳ないと肩身が狭くなる思いをするだろうけど、仕方ないよ。順繰り順繰り、順番だから。**私たちも、そうやって助けてもらったからさ、今度は助ける番なの。宇野さんも子どもが大きくなったら、次の人を助けてあげてね」

何とありがたい言葉でしょう。この言葉に、何度助けられたことか。そういえば、**「先生の替わりはいても、お母さんの替わりはいないよ。我が子を大事にしなさい」**とも言われました。そうです、その通りなのです。親は自分だけなのだから、まずは我が子優先でいいのです。「何か言われても数年のこと、数年経ったら忘れ去られるさ」と開き直る強さをもちましょう。

しかし、この先輩方のように考える人ばかりではありませんし、お子さんがいない方もいます。この言葉に甘えてあぐらをかいていてはいけません。子どもがいようがいまいが、仕事は仕事です。子育て中で大変だから、自分だけが配慮されるべきと考えるのは間違いです。

皆と同じように仕事を担うという心持ちでいつつ、配慮には感謝し、もう少ししたら絶対恩送りしますからねという思いで頑張りましょう。そうした謙虚な思いは、きっと周りに伝わります。謙虚に開き直る、そんな気持ちで乗り切りましょう。

3 一人でもできる仕事を回してもらう

同僚へのお礼はお菓子でなく仕事で返す

例えば、学習発表会の大道具作りを、放課後遅くからするとします。あるいは、休日出勤して作らないと間に合わないとします。でも、子どもの預け先がなく、どうしても一緒にできません。周りの先生はきっと気にするなと言ってくれるでしょうが、それでもやっぱり申し訳ない気持ちは拭えません。自分だけ戦力外のようで惨めな気持ちにもなります。

こういうときは、**最初の段階で、個人でできる作業を役割分担**してもらいます。できる限り個人で作業を進め、どうしても人数が必要なものだけを「みんな」でするようにしてもらえばよいのです。

学校には、「みんなでしたほうが楽しくて速い」「みんなでするのが美徳」といった風潮があります。ですが、実際は、大掛かりなもの以外、一人でしたほうが速いものもたくさんあります。「みんなで」となると、みんなが揃うまで作業ができません。一方、一人でするならば、自分の都合のよい時間、場所で作業を進めることができます。隙間時間に少しずつすることもできますし、最悪の場合、家に持ち帰って行うことも可能です。

行事準備を割り当ててもらうのが難しい場合は、みんなと行う以外の別の仕事を引き受ければよいのです。その作業に参加できない代わりに、一人でできる仕事を担えばよいのです。できれば、みんなでする作業よりちょっぴり大変な仕事を申し出ましょう。さぼりたくて、めんどくさくて作業に参加しないのではなく、家庭の事情で離脱せざるを得ないことをわかってもらえるように、申し訳なく思う気持ちが伝わるようにするためです。

なお、仕事を代わってもらった先生が感謝の気持ちをお菓子で返すのを多々見ます。当人としては、配慮へのお返しのつもりなのでしょうが、お金で簡単に手に入れたもので返して済ましているのではないかと考える人もいるかもしれません。大変な仕事には大変な仕事で返すほうが、誠実さを伝えることができるでしょう。

4 何でもかんでも引き受けない

無理なときは「NO」と伝える勇気を

周りにこれ以上迷惑をかけたくないという気持ちから、できそうもないことを何でもかんでも引き受けていては、かえって信頼を失いかねません。

いつも配慮してもらっているから、この前代わりに会議に出てもらったから、お休みのときに手間をかけたからと、恩返しをしようとすること自体は間違いではありません。しかし、だからといってできそうにない大役を引き受けるのは考えものです。どんなに恩を感じていても、できそうかどうかは冷静に見極めなくてはならないのです。

「何とかなるさ」という楽観視は、仕事を引き受けるときには危険です。時間に余裕があり、融通が利くのであれば、危険を承知で引き受けてもよいでしょう。しかし、「いつ熱が出るか？」「いつ保育園からお迎え要請が来るか？」という綱渡りの生活では、「引き受けたはいいけどできませんでした」となって、自分自身をさらに苦しめる結末も想定できます。

そもそも、なぜ引き受けなければならないという気持ちになるかといえば、子どものために休んだり早く帰ったりすることを申し訳なく思っているからです。そのことを悪いことだと位置づけているから、罪悪感を清算するために引き受けてしまうのです。

「いえいえ、自分は大丈夫。絶対、最後までやり抜きますよ」というあなた。では、想像してみてください。無理に引き受けた仕事を、あなたは夜も寝ずに頑張ります。家事をさっさと済ませ、とっとと子どもを寝かしつけて仕事にかからねばと思うあまり、子どもの声なんかに耳を貸しません。子どもを追い立てて寝かしつけ、目を吊り上げて仕事をする……。

たとえ仕事を全うできたとしても、それはあなたが本当に望んでいることでしょうか。その仕事をするのは、今じゃないといけないのか、よく考えてみてもいいのかもしれません。

5 プライベートの心配事相談はひっそりと

職員室には、色々な人がいるのだ

職員室に子育ての先輩や子育て中の同僚がいれば、自然と子育て話になることがあります。子育ての悩みや心配事などを聞いてもらえる存在が校内にいることは心強いことです。また、誰かに話すことで悩みが緩和されることもありますし、話して気持ちがすっきりすることもあります。特に、子育ての先輩から教わることは多いので、子育て話ができる存在がいることはありがたいことです。

私も一人目を出産したとき、先輩の先生たちが自宅まで来てくれて、お下がりや使わないベビー用品をくださいました。育休明けに復帰したときも、悩みや心配事を親身に聞いてくださったり、励ましたりしてくださいました。

そんな経験があったので、学校で子育ての話をするのは自然なことだと思っていました。ですから、次の学校で二人目の育休から復帰したときも、一人目のときと同じように職員室で我が子のことを気軽に話していました。

あるとき、先輩の先生から「職員室で子育ての話をあけっぴろげにするのはどうだろう」とやんわり言われました。**「職員室には色んな事情の人がいるから、もしかしたら子育て話を聞くのがつらい人がいるかもしれないよ」**と言われたのです。

そんなこと考えたこともなかったので、私はびっくりしてしまいました。しかし、よくよく考えると、職員室には未婚者やお子さんのいない方、とうの昔に子育てを終えた方など、色々な人がいます。私にとっては楽しい子育て話でも、人によってはつらい気持ちになる場合があることに初めて思い至りました。この経験から、「子育ての話はほどほどに」「心配事や悩み事はひっそりと」を心がけるようになりました。

子育て中の人、介護中の人、独身、子育てを終えた人……。異なる立場の人への思いやりと想像力が大事。

▶▶ 子育て教師のお悩み相談室③

Question

休日や夜でも、どうしても学校の仕事を優先しなくてはならないことがあります。子どもに寂しい思いをさせているのではないか、自分は愛されていないと子どもに思わせているのではないかと不安になります。

Answer

先輩の先生方に「育児は、時間じゃなくて濃さよ」と教わりました。「一緒にいられる時間が短いのならば、その中身を濃くすればいいのよ」と。

私は、よく子どもたちと一緒にお菓子作りをしました。じゃがいもを蒸かして一緒にいも団子を作ったり、好きな形にしたクッキーを焼いたりして、遊びながら楽しみました。でき上がったおやつを、みんなで「美味しいね」と言いながら食べました。そうした時間で、寂しさの穴埋めをしようとしたのですね。

なにも、お菓子作りでなくてもいいのです。あなたが好きなことを一緒にする、あなたが楽しいと思っていることを一緒に楽しむ、そういう時間の積み重ねが「幸せの記憶」として蓄積され、いずれ「寂しさの記憶」を凌駕するのではないでしょうか。

子育てはトータル評価。寂しい思いをさせているだけではないはずです。でも、もしそう思うのであれば、楽しい、嬉しい時間をもっと一緒につくることで、親の愛は伝わるのだと思います。

第4章

完璧を手放したら
クラスもハッピーに！

1 実は学級の安定がいちばんの働き方改革

多忙感の正体は、想定外のトラブルへの対応

学校での仕事は、大きく括ると、学級・授業に関わる仕事と校務分掌の二つです。その大部分は固定的なもので、最初から何をどうするかが見えている仕事です。急な追加や変更はほとんどありません。ですから、いつ、何をどこまで行えばよいかの目測を誤らない限り、ほぼほぼ予定通りに仕事を進めることができます。

問題は、予測できない仕事です。放課後の三十分間を翌日の授業準備に充てているとしましょう。この時間枠に会議があっても、会議があることはあらかじめわかっているので、前倒しで準備をしたり、準備内容を端折ったりして対応することができます。しかし、予定にない突発的な仕事が舞い込んできたらそうはいきません。授業準備を後回しにして、

即座に対応しなくてはならないでしょう。授業準備はその後か、自宅に持ち帰って行うしかありません。

実は、突発的な仕事の大部分が、子どもに関することなのです。問題行動や人間関係のトラブルがあれば、放課後に直接対応したり、保護者に連絡をしたりしなくてはなりません。また、保護者から、子どもの心配事や対応への疑問などが寄せられることもあります。事によっては、複数の保護者への連絡が必要になる場合もあります。管理職への報告や校内組織への相談や対応会議など、一つ何かあればそれに付随して突発的に仕事が増えるのです。

教師の仕事を多忙にするのは、こうした突発的な事態への対応です。人と人が関われば摩擦があるのも、トラブルが起きるのも当然です。ですから、これらをなくすことはできません。しかし、落ち着いている学級ではトラブルが起きにくいのも事実ですから、学級を安定させることが一番の働き方改革であるともいえるのです。

学級経営のための日頃のちょっとした積み重ねが後々の大きなトラブルを防ぐ。

2 子どもの「甘え」を頭ごなしに正さない

認められることで心は凪いでゆく

連日の生徒指導で帰宅が遅く、子どもたちの世話で手いっぱいの日々。必要最小限の家事をするのがやっとの状況。台所には昨日の食器が置かれたままだし、みそ汁の入った鍋も放置されています。洗濯ものは山積み、リビングにはおもちゃが散乱。ひどい状況ですが、「毎日ご飯を食べさせ、休まず仕事に行っているだけで花丸だぜ……」ということにしています。

さて、そこに相方が出張から帰ってきました。疲れて帰ってきた相方は、部屋を見るなり

「一体、今まで何していたの？ さぼっていたんだろう。甘えすぎだ。ちゃんとしてよ」

と言いました。あなたはそれを素直に受け入れることができますか？

　こちらの事情も聞かずに頭ごなしに決めつけられれば、腹が立つのを通り越し、悲しくなるのではないでしょうか。怒鳴らず、冷静に言われたとしても、自分が全否定されたような気持ちになりますよね。

　反対に、「大変だったんだね」「一人で頑張ったんだね」「一緒に片付けよう」と言ってくれれば、ぐっちゃぐちゃの部屋だって掃除しようと思えませんか？　疲れ果てていても、「頑張ってご飯作るぞ」という気持ちになるのではないでしょうか。

　同様の構図は、教室の中にもあります。**教師には、さぼり、甘えと見える言動にも、その子なりの事情や状況があるかもしれません**。現象の奥にあることを見ようともせず、目に見えることだけで評価されれば反発心が湧きます。問題行動を起こす子の中には、もしかしたらそうやってやる気をくじかれてきた子がいるかもしれません。

　できなさを認めることは、甘やかすことではありません。目の前の現象に一喜一憂することなく、その子の言動の奥に何があるかを見続けましょう。否定せず、存在を認め続けていくことで心が満たされ、課題から目をそらさず頑張ろうと思える日が来るかもしれません。

「支え」てもらった愛の経験

過去に担任していた一年生のクラスには、音読が極端に苦手な子が三人いました。夏休みを迎えるころになっても、ようやくひらがなが読める程度。文節に区切って読むことは、かなり高いハードルでした。

当時私は、国語の時間に「読み」の力を底上げするため、全員を起立させて一斉に音読させ読み終えたら座らせるという指導をしていました。音読が苦手な三人の子たちはなかなか読めません。私はその子たちが読み終えるまで口を出さず、じっと見守りました。

二学期になると、周囲の子どもたちに変化が見え始めました。読み終わった子が読みに苦戦している子のところへ行って助けているのです。文字を指で追ってあげる子もいます。小さな声で一緒に読んであげる子もいます。子どもたちは、読み終わった後「ありがとう」「どういたしまして」と言ってにこにこしています。これは、私が付きっきりで助けていれば見られなかった姿です。

三学期に入って、さらに変化が見られました。三人のうちの二人が驚くほどの上達を見せたのです。文節で区切ってすらすらと抑揚まで付けて読むことができるようになっていました。しかし、残る一人はまだたどたどしい音読。すると、先の二人がその子のところへ行って手助けし始めたのです。優しく声をかけながら一生懸命教えています。

授業後、私はその二人になぜ手助けをしたのかを尋ねました。すると、

「みんなが助けてくれたおかげで読むのが上手になったから恩返ししたの」

と話してくれました。

私は、涙が出るほど感動しました。子どもたちの教え合いは意図したところでしたが、まさか教えてもらった子がそういう形で恩返しをするとは思ってもいませんでした。

音読の手助けは、もしかすると甘やかしに見えるかもしれません。「甘えずに一人で読め」と思う人もいるかもしれません。しかし、支えがあるから頑張れるし、支えてもらった経験があったから恩返ししたのです。もしこれを、**「甘えないで一人で読みなさい」だなんて指導していたら、子どもたちの思いやりは育たなかったと思います**。もしかすると読めない子への蔑みが生まれていたかもしれません。支えてもらった愛の経験があるからこそ他者を思いやれる。そんな思いやりを大事にできる教室であればいいなと思います。

3 子ども同士の喧嘩を早急に解決しようとしない

「仲直り」だけが着地点ではない

何をもって喧嘩とし、何をもっていじめとするかは難しいところですが、大勢の子どもが同じ空間で毎日暮らしていれば、何かしらのトラブルは生じます。**喧嘩などトラブルへの対応が必要なときに、一番大事なことは傾聴です**。たとえ目の前で起きたことでも決めつけず、まずは双方の主張を否定せずに聴くことが肝要です。

解決を急ぐあまり、言いたいことを言い尽くさせずに結論付けてしまえば不満が残ります。「先生は話を聞いてくれない」「そんなことを言っていないのに信じてもらえなかった」となってこじれ、子どもだけではなく保護者の信頼も失いかねません。ですから、教師の感情を交えずに事実確認に徹し、感想や価値づけ、誘導などをせずに聴くのが第一段階です。

ここまでスムーズに進んでも、最後の着地点を誤ったばかりに問題がこじれてしまうことがあります。「仲直り」を着地点にすると「ごめんね」「いいよ」を言わせて終わりになります。

しかし、謝罪するのもそれを受け容れるのも、当人の気持ち次第です。外野があれこれ指示して謝らせ、受け容れさせるのは「仲直り」ではありません。省みて悪かったと思うから謝ろうとするし、納得・受容できたから許せるのです。ですから、着地点を教師が示してやるのではなく、どうしたいか、どうするかは子どもたち自身に決めさせるべきなのです。

また、「仲直り」だけが着地点とも限りません。「どうしても許せない」「少し距離を置きたい」ということだってあるはずです。当人たちの気持ちを無視し、教師が用意した着地点に立たせても納得は得られません。形だけの解決ではなく、子ども自身が目の前の問題をどう捉え、どう受け容れ、対処していくかを選択できるようにしていくことが大切です。

早く解決させたいという魂胆が、かえって仕事を増やすことを肝に銘じておきましょう。

4 何でもかんでもお膳立てしない

教師の仕事は、何をどこまでするかを決めること

　学習発表会を例にしましょう。五年生は全員でダンス発表をすることにしました。五グループに分かれてそれぞれ違うダンスをします。子どもたちが踊れそうなダンス曲を五つ選び、曲に合う衣装もそれぞれ考えました。MCのシナリオも、出方も捌け方も立ち位置も、全て完璧に決めました。練習スケジュールも決めたし、振り付けを全部覚えたから、上達しない子には個人的に指導することも可能です。

　さて、ここまで準備を整えれば、子どもたちは教師が考えた通り、言った通りにすればよいだけです。自分で考えなくてもよいのです。しかも、失敗してもうまくいっても、教師の言う通りにしているのですから責任を感じる必要もなく気楽です。教師が考えたので

すから、きっと見栄えもいいでしょう。

しかし、これで子どもたちは満足できるのでしょうか。シナリオ通りにできたか否かでしか計れない「成功」は、果たして子どもたちにとって「成功」と言えるのでしょうか。

素晴らしい行事になるように、教師はあれこれ準備します。あれが必要、これもなくちゃと奔走します。子どもたちのためと思い、手を掛け時間を費やし準備します。それはとても丁寧で尊いことのように感じますが、裏を返すと「子どもだけでは何もできないから教師が全部お膳立てする」ということにもなります。

子どもは元来、自分たちで問題解決する力をもっています。発達段階や実態によって任せられる範囲は異なりますが、必要最低限の条件設定を行えば、試行錯誤しながら自分たちで行う力はあるのです。無闇に手を掛けて自らの仕事を増やさずに、「子どもたちならここまでできる」と信じて任せ、経験を積ませることも大切です。

子どもに考えさせることで問題解決能力が身につく。

5 教師のありのままが助け合うクラスをつくる

教師だって完璧じゃない！

「先生だからちゃんとしていなきゃ」「教師だもの、何でもできて当然」だなんて思っているそこのあなた。

もしかして、「親になったのだから頑張らなきゃ」とか、「子どものためにお休みすることが多いから、教室では完璧でいなければ申し訳ない」だなんて思っていませんか？　あるいは、「子育てで忙しくしているから、仕事に手がかけられないいんじゃないかしら」と思われたくないから、必死に肩ひじ張っているのではないですか？

立派であろうと取り繕わなくても大丈夫。肩の力を抜いて自分をさらけ出したら、きっと気楽になりますよ。

教師が間違ったり失敗したりしたら、教師としての地位が落ちるなんてことはありません。**教師だって完璧ではありません。間違いや失敗、欠点があって当然です。それを知ったら、子どもはむしろほっとします。**

「ああ、先生も人間なのだな」とわかり、完璧な大人を目指さなくてもいいことや、失敗したり間違ったりすることは普通のことなのだと安心するでしょう。そして、子どもたちも、安心して間違ったり失敗したり、欠点をさらけ出したりすることができるようになるでしょう。

あるいは、教師がうまくできない様を見て、人には得手不得手や強み・弱みがあるという道理を学ぶかもしれません。自分と違う他者を理解して、失敗や間違いに寛容になるかもしれません。すると、友だちが困っていても馬鹿にしたり責めたりせず、そっと手を差し伸べ合える、思いやり溢れるクラスにきっと育つでしょう。

子育て期間は、「ありがとう」と「ごめんなさい」の連続です。誰かの助けなしには成り立ちませんし、思い通りになんか進みません。だから、感謝とお詫びの気持ちをもちながら、ありのままをさらけ出し、気楽にやってみませんか？

▶▶ 子育て教師のお悩み相談室④

Question

一人の時間がさっぱりありません。どこかに出かけるどころか、本を読む暇さえありません。どうにかなりませんか？

Answer

お気持ち、ものすごくよくわかります。一人の時間どころか、座ってゆっくり食事をすることも、ゆっくり眠ることもままならない……。親になるまで、まさかこんなに自分の時間がないとは思っていませんでしたよね。ですから、子どもができて、不意に自分の時間を奪われてしまったかのように感じるのではないでしょうか。

まあ、子どもが小さいうちは諦めましょう。基本的に、無理です。子どもが産まれる前と同じ規模で一人時間を確保することはできません。ですが、スキマ時間をうまく活用し満足する方法はあります。トイレの5分間、歯磨きの3分間や、学校でのわずかな時間にも何かをする癖をつけましょう。そのわずかな時間の積み重ねで時間を生むのです。

どうしてもこの本が読みたい、どうしてもこのDVDをゆっくり観たいというときは、睡眠時間を削って夜中に一人きりの時間を確保。長期休業中ならできそうですね。

どこかに出かけるのは、ご夫婦でよくよく話し合って計画的に決めましょう。どちらかだけが我慢することのないように、「今日は君が出かけたから来週は俺ね」みたいな話合いが大事です。自分時間は、年を追うごとに段々とれるようになりますよ。

第5章

限られた自由時間の中でスキルアップするために

1 周りの協力を得てときには自分のためだけの時間をつくる

できるときに、できる形で、好きなような楽しみ方を

やっと仕事に慣れた、自分なりの仕事ができるようになった、そんなときに子育て期間を迎えたという人も多いのではないかと思います。仕事の土台作りの時期と子育て期間が重なることで、せっかく築いたキャリアが崩れるのではないかと不安を感じることもあるかもしれません。あるいは、責任ある立場に就いたり、バリバリ活躍したりする同年代を見て、焦りを感じることもあるでしょう。

しかし、子育て期間中に、子育て前と同じように自分の思いのままに時間を使うというのは、正直かなり難しいです。私自身、子育てが一番大変だったときは本を読むことすらできず、研修やセミナーなどに参加することだって不可能でした。一人きりになれる唯一

の空間であるトイレですら、のんびり過ごすことはできないのですから。

これもほんの数年限りのことだと割り切るしかないのですが、それでも息抜きは必要です。**ときには一人で羽を伸ばし、「親」という役割ではない自分を楽しむ**ことも大事です。

「普段から我慢させてるのに留守番はかわいそう」と心配は尽きませんが、いいじゃありませんか。たった一日、数時間きりのこと、何とでも取り返せます。「自分は我慢してます」と恨みがましく子育てするより、好きなことやしたいことをして楽しんで、すっきり子どもに向き合うほうが子どもにとっても幸せです。親が「好きなことができない」としかめっ面でいるよりも、機嫌よくにこにこしているほうがいいに決まっています。

ご両親や親戚など、お子さんを預かってくださる方がいるならお願いしましょう。たまにはご夫婦揃ってお食事したり、映画を観たりするのもよい気分転換です。また、知人、友人と互いに子どもを預かり合ってお出かけするのも一手です。預かってくれる人がいなければ、ご夫婦交代で子どもをみればよいのです。いよいよのときは、家事の外注サービス、シッターを使う手もあります。子育て期間も、自分の人生の一部です。楽しまなくちゃ、損ですよ！

2 異業種の友人をもつ

園や学校は出会いの宝庫

異業種の方と付き合うと、学校の中にはない新しい視点を学ぶことができます。学校では常識と思うことが世間では違ったり、知らなかったことを教わったりもします。様々な人と出会い、視野を広げることは、教師としても親としても幅を広げるきっかけになります。

しかし、学校で働いていると、なかなか異業種の方とのつながりがありません。学生時代のつながりも教師ばかりという人も多いでしょう。そうでなくとも、出産や育児を境に、学生時代の友人と疎遠になったということもあると思います。

そういう意味では、子育て期間は人間関係を広げるチャンスといえます。保育園や幼稚園、学校には異業種の保護者がたくさんいます。特に園には親子行事もありますから、お近づきになるには好都合です。よい関係性が結べれば、家族ぐるみでお付き合いできるかもしれません。子ども同士の仲が良ければ、互いに子どもを預け合える関係になることも期待できます。近くに親や親戚がいない場合は、**こうしたつながりをたくさんつくっておくと、いざというときの助けになります**。

また、同じ年代の子の親として、子育ての悩みを共感し合うこともできます。あるいは、異業種のご家庭での子育ての様子を知ることもいい勉強になるかもしれません。学校の外側からの見方や考え方を知ることのできる、貴重な場ともなり得ます。

ただし、共働きの忙しさなどから、保護者同士の付き合いは広く浅くと考えている方もいます。図々しく踏み込み関係がこじれてしまえば、子どもの友だち関係に悪影響を及ぼしかねません。あくまでも主役は子どもということを忘れず、気の合う友だちができればラッキーくらいのスタンスでいることも必要です。

悩みを相談したり情報交換したりと、同じ子育て中の親は心強い味方。

3 家事も育児も頑張った経験が、判断力、実行力を育てる

大変なだけじゃない！　ちゃんとおまけもついてきます

子育てをしながらフルタイムで働いて家事もこなす毎日は、本当に本当に大変でした。一日が二十四時間しかないことを、何度呪ったかしれません(笑)。子どもと一緒に寝てしまい、夜中に起きて泣きながら食器洗いをしたこともありました。頑張っても頑張っても家事が終わらずに、途方に暮れた日もありました。

しかし、大変だったこの時期があったからこそ、効率的に仕事を進める術が身に付いたと、子育てが終わった今、断言できます。時間に区切りをつけて働くようになったのは、時間が有限であることが身に染みてわかったからでした。どうすれば少しでも楽ができるか考えながら家事をしたから、仕事の順番意識が生まれました。スキマ時間にできる仕事

をする癖がついたのは、一分一秒を無駄にせず、少しでも速くたくさん家事を終え、浮いた時間を子どもたちのために充てたいという思いがあったから。仕事に優先順位をつける癖がついたのも、今一番大事にしたいものは何かを考えながら子育てをしたからです。「ま、いっか」と完璧を手放せるようになったのは、人を思い通りになんか動かすことはできないことを、子育てが教えてくれたからです。

子育て真っ最中のときは、忙しい子育ての日々が力量形成に繋がるなんて、考えもしなかったことです。そんな暇も余裕もありませんでした。ただただ必死に目の前のことをこなしていただけでした。しかし、がむしゃらに生活しているうちに、いつしか家事の腕も上がり、効率よく仕事ができるようにもなり、手を抜くことも逆に手を掛けることもできるようになりました。

今、歯を食いしばりながら頑張っている子育て世代のみなさんにも、きっとそうした「おまけ」がちゃんとプレゼントされるはずです。**今の頑張りは決して無駄にはなりませんし、今後、仕事をしていく上で必ず力になる**と思います。

4 子育てを通して保護者の偉大さが理解できる

子育て経験は武器じゃない

自分が親になって知ったことやわかったことが山ほどあります。育児をするまでは、子育てがこんなに大変だなんて思わなかったし、我が子がこんなに愛おしいことも実感としてわかりませんでした。一方で、子どもがいなければ夫と喧嘩することもなかっただろうし、子どものことで自分を責めたり悩んだりする経験もしなかっただろうとも思います。

子育て経験をしたからこそ、世の中の親はすごいと心から思うことができました。そして、それまで出会った保護者のみなさんも、こんなに大変な思いをして子育てされてきたのかと驚きました。我が子がかわいいのと同じように、目の前の子どもたちも保護者から愛されてきたのだと実感をもって知ることできました。

しかしながら、それは、一人の親としての感想です。子育てをしながら一個人が実感したことに過ぎません。**我が子を育てたからといって、全ての親の気持ちがわかるわけではありませんし、自分の子育て観が全ての場合に当てはまるわけではありません。**ましてや、これでクラスの子たちのこと全てがわかるというものでもありません。

子育てはあくまでも個人的な経験であって、教師としての専門性を高めるものではないことを肝に銘じておかなくてはなりません。

そうであるにもかかわらず、「子育て経験があるから親の気持ちがわかる」と言ったり、自分の経験をもとに保護者を諭したりする向きもあります。子育て経験のない先生に「我が子を育てたことのない先生にはわからない」と平気で言ってしまう人もいると聞くことがあります。確かに、保護者の中にも担任に子育て経験があることを喜ぶ人がいますが、それでアドバンテージを取った気になってはいけません。教師はあくまでも専門職。家庭ではなく、学校という社会の中で子どもを育てるのが仕事です。子育てはほんの一滴のエッセンスであると心得て、子育て経験に寄りかからずに真摯に専門性を磨いていきましょう。

5 いろいろな人のおかげで今の人生があることを実感する

子育てが紡ぐご縁

子どもが産まれてわかったことは、誰かの助けなしに子育てはできないということです。子育ての当事者はもちろん親ですが、親が頑張るだけでは限界があります。親になったって心細いときは誰かの支えが必要ですし、困ったときは誰かの助けが必要です。また、一緒に喜んでくれる人がいると嬉しいし、アドバイスしてくれる人がいれば心強いです。「できなくてごめんなさい」のときは、笑顔で「気にするな」と言ってくれたらほっとするし、「もう駄目だ」と思うときに「大丈夫だって」と言ってくれたらまた頑張れるような気がします。

子育てと仕事と家事を両立させるのは、本当に本当に大変なことです。今この本を手にしている方の中にも、「もう頑張れない」とぎりぎりの状況の方もいらっしゃるだろうと思います。

もし可能ならば、子育ては一人ではできないということを、もう一度考えてみてください。そして、**「だから、色んな人の手を借りてもいいのだ。いや、借りるべきなのだ」**ということをご自身に言い聞かせてみてください。そう思って周りを見たら、助けてくれそうな人がいるかもしれません。もっと甘えていいのだと思えるかもしれませんよ。

子育ての先輩である両親、親戚、職場のみなさん、知人や友人、保育園や幼稚園や学校の先生たち、我が子のお友だちとその家族、お医者さんや看護師さん……。周りをぐるりと見渡してみれば、本当にたくさんの人たちとのつながりの中で子育てをしていることがわかります。決して、一人で頑張らなくてもよいのです。

子育てをしながら働けるのも、そんな周りの人すべてのおかげです。子育てをさせてもらっているのは我が子のおかげだし、何より、ここまで頑張ってきた自分のおかげなのです。そんなご縁に感謝しつつ、健康第一を心がけ、明日からまた小さな一歩を歩み出してみませんか？

Question

いつになったら、子育ては楽になりますか？ 楽になるということはないのかもしれませんが、子どもが大きくなったら、大変さは変わるのでしょうか。

Answer

子どもは1年、また1年と時を経るごとに手がかからなくなります。「親」としても慣れていくので、年数に比例して、確実に楽になっていきます。小学校に上がるまでが一つの節目ですが、「小1の壁」と言われるように、小学生ならではの大変さもあります。

まず、下校後をどう過ごさせるかです。学童を嫌がる子もいますし、習い事をしたがる子もいます。かといって、子どもだけでの留守番は心配です。子どもの気持ちをよく聞きながら、そのときの最善を考えることが肝要です。

また、学校行事やPTA活動にどう参加するかも悩みの種です。私は、自分が役員になったときは「長」になり、自分の都合のよい開催時間、方法で行いました。

もう少し大きくなると、部活や塾・習い事の送迎やそれに伴う保護者同士の付き合いが出てきます。土日が潰れることも多く、待ち時間の車中で仕事をしたこともありました。

本当に手がかからなくなるのは、大学生になってから。でも、心配がなくなるわけではありません。いくつになっても子どもは子ども。大きくなれば手をかけられなくなる分、手がかかった時期が懐かしく、愛おしく思えるものです。

おわりに

子どもたちもすっかり成人し家を離れました。あんなに自分の時間が欲しい、キャリアアップをしたいと望んでいたのに、今は、いつでも自由に使える時間に寂しさを覚えています。

本文に何度も書きましたが、子育て期間は本当に大変でした。子どもに泣かれたこともありましたし、子育てや家事を巡って夫と言い争ったこともありました。眠る時間がなく体力的にもきつく、このまま仕事を続けるべきか悩みながらの日々でした。

しかし、働きながら子育てをしたことで、自分は、実にたくさんの人のおかげで生かされていることを知りました。家族や祖父母はもちろん、職場のみなさんには本当にお世話になりました。「子育ては順番だから、恩送りで恩返し」と言われたことは、今でも心の支えです。

また、自分の至らなさを指導してくださった先輩方にも感謝の気持ちでいっぱいです。

夫と子どもたち、精神的支柱でもあった両親、職場を共にしてくださった皆さんに、この場をお借りしてお礼申し上げます。どうもありがとうございました。

本書では触れませんでしたが、我が子のように可愛がって育ててくださった息子の保育者だった江蔵範子さん、その後我が子二人が通ったどんぐり保育園の先生方には感謝してもしきれません。この方々の教えがあったから、私は、何とか育児と仕事を両立することができました。どうもありがとうございました。

最後になりましたが、長年の願いであった本書の出版を実現してくださった学陽書房の久保聡子さんにも心からお礼申し上げます。私にはない視点で本書を編集くださったこと、わがままな私の要望に根気よく丁寧に応えてくださったことに感謝の気持ちでいっぱいです。久保さんに出逢わなければ、この本を世に出すことはできませんでした。どうもありがとうございました。

一人、紅掛空色の空を眺めながら

宇野 弘恵

参考文献・資料

第一章

・『女性教師だからこその教育がある！』多賀一郎、藤木美智代、宇野弘恵／学事出版／2016年

第二章

・『共働き夫婦　最強の教科書』内藤眞弓／東洋経済新報社／2021年
・『共働きファミリーの仕事と子育て両立バイブル』日経DUAL編集部／日経BP／2014年
・『仕事と子育てが大変すぎてリアルに泣いているママたちへ！』小島慶子／日経BP／2019年
・「子育てしながら教員はできる？ 職場復帰後の両立方法とブランクOKの新たな働き方」マナリンクTeachers／Miyo
URL：https://for-teachers.manalink.jp/useful/trouble/shufu/7gnwe1a-7kl

著者紹介

宇野弘恵（うの ひろえ）

1969年、北海道生まれ。旭川市内小学校教諭。2000年頃より民間教育研修などの学習会に参加、登壇を重ねている。思想信条にとらわれず、今日的課題や現場に必要なこと、教師人生を豊かにすることを学んできた。

著書に『伝え方で 180 度変わる！未来志向の「ことばがけ」』、『スペシャリスト直伝！　小１担任の指導の極意』、『タイプ別でよくわかる！高学年女子　困った時の指導法60』、『宇野弘恵の道徳授業づくり　生き方を考える！心に響く道徳授業』（以上、明治図書）、『女性教師だからこその教育がある！』（共著、学事出版）などがある。

あと30分早く帰れる！

子育て教師の超効率仕事術

2023年２月23日　初版発行
2023年３月３日　２刷発行

著　者　宇野《うの》 弘恵《ひろえ》
発行者　佐久間重嘉
発行所　学 陽 書 房
〒102‐0072　東京都千代田区飯田橋1‐9‐3
営業　TEL　03‐3261‐1111　FAX　03‐5211‐3300
編集　TEL　03‐3261‐1112　FAX　03‐5211‐3301
http://www.gakuyo.co.jp/

装丁・本文デザイン　能勢明日香
イラスト　尾代ゆうこ
DTP制作　岸 博久（メルシング）
印刷・製本　三省堂印刷

ISBN 978‐4‐313‐65472‐3 C0037
乱丁・落丁は送料小社負担にてお取替えいたします。
定価はカバーに表示してあります。